KARRIEREANKER

DIE VERBORGENEN MUSTER IN IHRER BERUFLICHEN ENTWICKLUNG

EDGAR H. SCHEIN

Professor für Management
Alfred P. Sloan School of Management
Massachusetts Institute of Technology

10. Auflage

Lanzenberger Dr. Looss Stadelmann Verlags GmbH
Darmstadt - Berlin - München
osb Wien Consulting GmbH
Search Partners AG Personalberatung Frankfurt
2005

Die Deutsche Bibliothek - CIP Einheitsaufnahme

Schein, Edgar:
Karriereanker
Die verborgenen Muster in Ihrer beruflichen Entwicklung
10. Auflage 2005
Darmstadt: Beratungssozietät Lanzenberger Dr. Looss Stadelmann, 1994
ISBN 3-929511-00-2

Einzig berechtigte Übersetzung aus dem Amerikanischen, autorisiert
durch University Associates Inc.

Titel der amerikanischen Originalausgabe:
Career Anchors
Discovering Your Real Values
Revised Edition
Library of Congress Catalog Card Number 90-70227

Die amerikanische Originalausgabe erschien 1990 bei
University Associates / Pfeiffer & Company
8517 Production Avenue, San Diego, California 92121, USA
Copyright ©1985 by University Associates, Inc.

©1992 by LANZENBERGER*DR.LOOSS*STADELMANN Verlags GmbH
Bessungerstr. 30-32, 64285 Darmstadt
Search Partners AG Personalberatung, Lyonerstr. 14, 60528 Frankfurt
osb Wien Consulting GmbH, A 1070 Wien, Neubaugasse 33/1/9
Alle Rechte vorbehalten
Nachdruck, fotomechanische Wiedergabe oder Speicherung in elektronischen
Medien nur mit ausdrücklicher Genehmigung der Herausgeber

Einbandgestaltung: Grosse Designer und Partner, Darmstadt
Druck: Ph. Reinheimer GmbH, Darmstadt

Inhaltsverzeichnis

1 EINFÜHRUNG 1

1.1 Zum Umgang mit dem Handbuch 2
1.2 Zur Auswahl des geeigneten Partners 3

**2 BESTANDSAUFNAHME MÖGLICHER KARRIERE-
ORIENTIERUNGEN** 5

2.1 Zur Bewertung der einzelnen Punkte 5
2.2 Fragebogen zur Bestandsaufnahme möglicher Karriereorientierungen 6
2.3 Auswertung des Fragebogens 10

3 KARRIEREENTWICKLUNG 13

3.1 Die wichtigsten Phasen eines beruflichen Werdegangs 14
3.2 Berufliche Entwicklung, Aufstieg und Erfolg 20

4 AUFBAU EINES KARRIEREANKERS 23

4.1 Wie sich ein Karriereanker formiert 23
4.2 Die konzeptionellen Grundlagen des Karriereankers 26
4.3 Die acht verschiedenen Karriereanker 28
4.4 Gibt es noch andere Karriereanker? 51
4.5 Kann man mehr als einen Karriereanker haben? 52
4.6 Verändern sich Karriereanker? 53
4.7 Zusammenfassung: Übereinstimmung der persönlichen Bedürfnisse mit den
Erfordernissen der Organisation 55

5 INTERVIEW ZUM KARRIEREANKER 59

5.1 Interviewfragen 60
5.2 Erkennen Ihres persönlichen Karriereankers 80
5.3 Bestimmung Ihres persönlichen Karriereankers 84

6	**SELBST INITIATIV WERDEN**	89
7	**EMPFOHLENE LEKTÜRE ZUM THEMA**	91
8	**QUELLENVERWEISE UND EDITIONSHINTERGRUND**	92

1 EINFÜHRUNG

Das vorliegende Handbuch soll Ihnen dabei helfen, Ihren persönlichen Karriereanker zu bestimmen und Ihnen Anregungen dazu vermitteln, wie sich Ihre Werte mit der gewünschten Berufsentwicklung in Bezug bringen lassen. Wenn Sie erst einmal Ihren Karriereanker kennen, dann werden Sie auch in der Lage sein, Karriereentscheidungen leichter zu treffen und zwar auf eine Art, die sich mit dem, was Ihnen lieb und teuer ist sowie Ihrer persönlichen Selbsteinschätzung vereinbaren läßt.

Ihr persönlicher *Karriereanker* setzt sich aus mehreren Einzelelementen zusammen: Bereiche, in denen Sie besondere Fähigkeiten besitzen, persönliche Beweggründe und Werte, die Sie keinesfalls aufgeben würden - der Karriereanker ist ein Abbild Ihrer Persönlichkeit. Wissen Sie nichts über Ihren Karriereanker, so können Sie sich unter Umständen von äußeren Einflüssen in berufliche Situationen hineinmanövrieren oder zu Tätigkeiten drängen lassen, die sich dann im Nachhinein für Sie als völlig unbefriedigend herausstellen. Sie haben dann das Gefühl "das bin nicht wirklich ich selbst". Das dem vorliegenden Handbuch beigefügte Interview bzw. der Fragebogen sollen genau diese Situationen vermeiden helfen.

Ungeachtet Ihrer derzeitigen Beschäftigung oder Tätigkeit, werden Ihnen zukünftige Entscheidungen leichter fallen und stichhaltiger sein, wenn Sie ein besseres Verständnis für Ihre persönliche Einstellung zum Thema Beruf, zu Ihren Beweggründen, besonderen Fähigkeiten und Werten entwickeln. Die im vorliegenden Handbuch beschriebenen Schritte werden ihren Teil dazu beitragen, dieses Verständnis zu wecken und fördern zu helfen.

Bei den vorgeschlagenen Schritten handelt es sich weder um Tests, noch können sie Ihnen dabei helfen, verborgene "Talente" ans Tageslicht zu bringen. Es geht vielmehr darum, Ihnen eine systematische Anleitung an die Hand zu geben, wie Sie Ihre Entwicklung in der Vergangenheit und Ihre Erwartungen für die Zukunft erforschen und richtig einordnen lernen. Sie können sich so ein klareres Bild Ihrer eigenen Person und Ihrer Fähigkeiten verschaffen, über die Sie sich bis dato vielleicht noch nicht allzuviele Gedanken gemacht oder die sie sogar als selbstverständlich hingenommen haben.

Untersuchungen zu Karriereankern haben ergeben, daß die meisten berufstätigen Menschen ihr berufliches Selbstbild im Lichte der acht verschiedene Kategorien beschreiben können, auf die wir in den nachfolgenden Abschnitten noch eingehen werden. Der wichtigste Teil dieses Verfahrens ist dabei die Beantwortung des Fragebogens bzw. die Teilnahme am Interview, da die acht Kategorien ohne Berücksichtigung Ihrer beruflichen Vergangenheit und Ihrer zukünftigen Erwartungen nichts bedeuten. Erst wenn Sie über die Stationen ihrer beruflichen Entwicklung und die zugehörigen Ereignisse in Ihrem Leben *nachdenken und sprechen*, werden Sie sich schrittweise ein besseres Verständnis Ihrer eigenen Prioritäten und Werte erarbeiten.

Den meisten Menschen, die dieses Interview absolviert haben, hat es gut gefallen. Vielleicht ist es auch für Sie das allererste Mal, daß Sie mit einem bereitwilligen und interessierten Zuhörer mehrere Stunden lang über sich selbst und Ihre berufliche Entwicklung sprechen.

1.1 Zum Umgang mit dem Handbuch

Dieses Handbuch setzt sich aus mehreren Abschnitten zusammen, zu denen auch eine allgemeine Definition von Karriereankern gehört, eine Abhandlung über das Thema "Entwicklung des beruflichen Werdegangs" sowie eine ausführliche Beschreibung der acht verschiedenen Typen von Karriereankern. Die Durchführung der empfohlenen Schritte nimmt insgesamt etwa drei bis vier Stunden in Anspruch, es müssen jedoch nicht alle Schritte auf einmal ausgeführt werden. Die nachstehenden Anweisungen sind so ausgelegt, daß sie Ihnen Schritt für Schritt auf Ihrem Weg durch das Handbuch helfen.

Wir empfehlen Ihnen, mit dem Ausfüllen der "Bestandsaufnahme möglicher Karriereorientierungen" (Seite 5) zu beginnen. Füllen Sie dabei auch das Ergebnisblatt aus, kümmern Sie sich jedoch noch nicht um die Auswertung oder die Bezeichnungen der einzelnen Spalten. Fahren Sie dann fort und lesen Sie den nächsten Abschnitt, in dem erläutert wird, wie sich berufliche Werdegänge entwickeln und was die einzelnen Kategorien von Karriereankern bedeuten.

Einführung

Der wohl wichtigste Teil der Analyse ist das Interview, das Sie mit einem Partner[1] durchführen sollen. Erst wenn Sie die Geschichte Ihres beruflichen Werdegangs mit jemandem besprochen haben, können Sie sich über das Muster Ihrer Motive, Fähigkeiten und Werte klarwerden, das Ihre Karriereentscheidungen und -erwartungen widerspiegelt.

Jemanden anderen über seine Karriere zu befragen ist ebenfalls äußerst hilfreich. Sie und Ihr Partner können sich gegenseitig befragen, das muß nicht unbedingt in derselben Sitzung oder am selben Tag geschehen. Die Interviews dauern normalerweise etwa ein bis zwei Stunden. Wenn beide Partner die Übung durchführen, so sollte möglichst jeder eine eigene Ausgabe dieses Buches zur Verfügung haben.

1.2 Zur Auswahl des geeigneten Partners

Suchen Sie sich unbedingt einen Partner, vor dem Sie Ihre bisherige berufliche Entwicklung und Ihre Erwartungen für die Zukunft ohne Hemmungen ausbreiten können. Vorgesetzte oder Untergebene sind nicht geeignet, ebensowenig Kollegen, zu denen Sie unter Umständen in einem Konkurrentenverhältnis stehen. Ihr Partner kann ruhig jünger oder älter als Sie selbst sein und er darf auch aus einer anderen Branche kommen. Wir haben schon oft festgestellt, daß sich Ehepartner oder enge Freunde hervorragend als Interviewpartner eignen.

Der Partner braucht auch keine Ausbildung zum Interviewer, sämtliche Fragen stehen im Handbuch. Er muß lediglich Interesse mitbringen und bereit sein, Ihren beruflichen Werdegang mit Ihnen zu besprechen.

---

[1] Auch wenn in diesem Buch meist lediglich die männliche Sprachform benutzt wird, sind stets die Vertreter und Vertreterinnen **beider** Geschlechter gemeint. Uns scheint die wiederkehrende Verwendung von Endungen zur Kennzeichnung keine sprachlich überzeugende Form zu sein.

Kapitel 1

2 BESTANDSAUFNAHME MÖGLICHER KARRIEREORIENTIERUNGEN

Der vorliegende Fragebogen soll Sie anregen, sich Gedanken über die Bereiche zu machen, in denen Sie besondere Fähigkeiten besitzen, über Ihre Motive und Ihre persönlichen Werthaltungen. Der Fragebogen alleine reicht natürlich noch nicht aus, um Ihren Karriereanker bestimmen zu können, da Ihre Antworten natürlich sehr leicht zu manipulieren sind und so unter Umständen nicht den richtigen Eindruck vermitteln können. Der Fragebogen soll jedoch Ihre Gedanken aktivieren und als Vorbereitung für das Gespräch mit Ihrem Partner dienen.

Beantworten Sie die Fragen bitte so ehrlich wie möglich und zögern Sie nicht zu lange bei der Antwort. Vermeiden Sie dabei extreme Bewertungen, mit Ausnahme der Situationen, in denen Sie ganz deutlich entweder in die eine oder andere Richtung tendieren.

2.1 Zur Bewertung der einzelnen Punkte

Für jede der nachstehend aufgeführten vierzig Aussagen ist eine Bewertung anzugeben. Schätzen Sie dazu anhand einer Skala von 1 bis 6 ein, inwieweit die Aussage auf Sie zutrifft. Je höher die angegebene Zahl, desto mehr trifft die Aussage auf Sie zu.

Beispiel:
Auf die Aussage "Ich träume von einer Tätigkeit als Vorstand eines Großunternehmens" können Sie folgende Bewertung abgeben:

"1" wenn die Aussage auf Sie gar nicht zutrifft,
"2" oder "3" wenn die Aussage etwas auf Sie zutrifft,
"4" oder "5" wenn die Aussage ziemlich auf Sie zutrifft,
"6" wenn die Aussage völlig auf Sie zutrifft.

Blättern Sie nun um und tragen Sie Ihre Bewertung jeweils in das unterstrichene leere Feld links der entsprechenden Aussage ein.

2.2 Fragebogen zur Bestandsaufnahme möglicher Karriereorientierungen

Bewerten Sie anhand der folgenden Skala, in welchem Maße nachstehende Aussagen auf Sie zutreffen:

Trifft gar nicht auf mich zu	Trifft etwas auf mich zu	Trifft ziemlich auf mich zu	Trifft völlig auf mich zu
1	2 3	4 5	6

_____1. Ich träume davon, in meinem Beruf so gut zu sein, daß mein fachlicher Rat immer gefragt ist.

_____2. Ich bin mit meiner Arbeit vollauf zufrieden, wenn es mir gelungen ist, die Bemühungen anderer zu koordinieren und zu managen.

_____3. Ich träume von einer Berufstätigkeit, bei der ich meine Arbeit so durchführen und meine Zeit so einteilen kann, wie ich es für richtig halte.

_____4. Sicherheit und Beständigkeit sind für mich wichtiger als Freiheit und Selbständigkeit.

_____5. Ich bin immer auf der Suche nach Ideen, die mir die Gründung eines eigenen Unternehmens ermöglichen.

_____6. Ich empfinde meine berufliche Entwicklung nur dann als erfolgreich, wenn ich das Gefühl habe, einen wirklichen Beitrag zum Wohlergehen der Gesellschaft geleistet zu haben.

_____7. Ich träume von einer Berufstätigkeit, bei der ich Probleme lösen oder Situationen meistern kann, die eine echte Herausforderung darstellen.

_____8. Ich würde eher kündigen, als eine Tätigkeit anzunehmen, die meine Möglichkeiten einschränkt, mich um meine persönlichen Belange und um mein Privatleben/meine Familie zu kümmern,

Trifft gar nicht auf mich zu	Trifft etwas auf mich zu	Trifft ziemlich auf mich zu	Trifft völlig auf mich zu
1	2 3	4 5	6

_____ 9. Ich empfinde meine berufliche Entwicklung nur dann als erfolgreich, wenn ich meine fachlichen und funktionalen Fähigkeiten bis zu einem äußerst hohen Niveau weiterentwickeln kann.

_____ 10. Ich träume von der Führung eines komplexen Unternehmens und davon, Entscheidungen zu treffen, die eine große Zahl Mitarbeiter berühren.

_____ 11. Ich bin mit meiner Arbeit vollauf zufrieden, wenn ich die uneingeschränkte Freiheit besitze, meine Aufgaben, Terminpläne und meine Arbeitsweise selbst zu bestimmen.

_____ 12. Ich würde eher kündigen als eine Aufgabe anzunehmen, die meine Sicherheit im Unternehmen gefährdet.

_____ 13. Für mich ist der Aufbau eines eigenen Unternehmens wichtiger, als eine Position im Management des Unternehmens eines anderen zu erlangen.

_____ 14. Ich bin mit meiner Berufstätigkeit vollauf zufrieden, wenn ich meine Fähigkeiten im Dienste anderer einsetzen kann.

_____ 15. Ich empfinde meine berufliche Entwicklung nur dann als erfolgreich, wenn ich mit extrem schwierigen Herausforderungen konfrontiert werde und diese meistern kann.

_____ 16. Ich träume von einer Berufstätigkeit, bei der ich meine persönlichen Bedürfnisse mit den Erfordernissen meiner Familie/meines Privatlebens und meines Berufs in Einklang bringen kann

_____ 17. Für mich ist eine Tätigkeit als Leiter eines Funktionsbereichs auf meinem Fachgebiet attraktiver als meine Aufgabe im General Management.

_____ 18. Ich empfinde meine berufliche Entwicklung nur dann als erfolgreich, wenn ich im General Management eines Unternehmens tätig bin.

Trifft gar nicht auf mich zu	Trifft etwas auf mich zu	Trifft ziemlich auf mich zu	Trifft völlig auf mich zu
1	2 3	4 5	6

_____19. Ich empfinde meine berufliche Entwicklung nur dann als erfolgreich, wenn ich meine uneingeschränkte Selbstständigkeit und Freiheit besitze.

_____20. Ich suche Tätigkeiten in Unternehmen, bei denen ich das Gefühl von Sicherheit und Beständigkeit habe.

_____21. Ich bin mit meiner beruflichen Entwicklung vollauf zufrieden, wenn ich in der Lage bin, etwas zu schaffen, das ausschließlich Ergebnis eigener Ideen und persönlichen Einsatzes ist.

_____22. Der Einsatz meiner Fähigkeiten zur Verbesserung der Lebens- und Arbeitswelt ist für mich wichtiger als das Streben nach einer Führungsposition im Management.

_____23. Ich bin mit meiner beruflichen Entwicklung vollauf zufrieden, wenn ich scheinbar unlösbare Probleme lösen kann oder Unmögliches möglich gemacht habe.

_____24. Ich empfinde mein Leben nur dann als erfolgreich, wenn ich meine persönlichen Bedürfnisse gleichgewichtig mit denen meiner Privatspäre und den Erfordernissen meines Berufs in Einklang bringen kann.

_____25. Ich würde eher kündigen, als eine Versetzung zu akzeptieren, die eine Tätigkeit außerhalb meines Fachgebietes mit sich bringt.

_____26. Für mich ist eine Tätigkeit im General Management attraktiver als die des Leiters eines Funktionsbereichs auf meinem derzeitigen Fachgebiet.

_____27. Für mich ist die Möglichkeit, meine Arbeit auf meine Art durchführen zu können, ohne Vorschriften und Einschränkungen beachten zu müssen, wichtiger als Sicherheit.

Trifft gar nicht auf mich zu	Trifft etwas auf mich zu	Trifft ziemlich auf mich zu	Trifft völlig auf mich zu
1	2 3	4 5	6

_____28. Ich bin mit meiner Arbeit vollauf zufrieden, wenn ich finanziell und beruflich abgesichert bin.

_____29. Ich empfinde meine berufliche Entwicklung nur dann als erfolgreich, wenn ich etwas geschaffen oder erbaut habe, das vollständig mein eigenes Produkt ist oder auf meiner eigenen Idee beruht.

_____30. Ich träume von einer Berufstätigkeit, bei der ich einen wirklichen Beitrag für die Menschheit und Gesellschaft leisten kann.

_____31. Ich suche Möglichkeiten bei der Arbeit, bei der meine Fähigkeiten zur Problembewältigung und/oder mein Durchsetzungsvermögen gefordert werden.

_____32. Für mich ist der Ausgleich zwischen Privat- und Berufsleben wichtiger als das Streben nach einer Führungsposition im Management.

_____33. Ich bin mit meiner Arbeit vollauf zufrieden, wenn ich meine speziellen Fähigkeiten und Talente einsetzen kann.

_____34. Ich würde eher kündigen, als eine Aufgabe anzunehmen, die mich von einer Laufbahn im General Management ausschließt.

_____35. Ich würde eher kündigen, als eine Aufgabe anzunehmen, bei der meine Freiheit und Selbständigkeit eingeschränkt werden.

_____36. Ich träume von einer Berufstätigkeit, die mir ein Gefühl der Sicherheit und Beständigkeit vermitteln kann.

_____37. Ich träume davon, mein eigenes Unternehmen zu eröffnen und aufzubauen.

_____38. Ich würde eher kündigen, als eine Aufgabe anzunehmen, die mir die Möglichkeit nimmt, im Dienste anderer tätig zu werden.

Trifft gar nicht auf mich zu	Trifft etwas auf mich zu		Trifft ziemlich auf mich zu		Trifft völlig auf mich zu
1	2	3	4	5	6

_____39. Für mich ist die Lösung scheinbar unlösbarer Probleme wichtiger als das Streben nach einer Führungsposition.

_____40. Ich habe schon immer Möglichkeiten bei der Arbeit gesucht, wo ich meine persönlichen Bedürfnisse und die meiner Familie/meines Privatlebens so wenig wie möglich einschränken muß.

2.3 Auswertung des Fragebogens

① Bitte **überprüfen** Sie Ihre Antworten!

② Suchen Sie bitte diejenigen Aussagen heraus, bei denen Sie die **höchste Punktzahl** vergeben haben!

③ Suchen Sie die für Sie am **ehesten zutreffenden drei Aussagen** heraus!

④ Addieren Sie zu jeder Punktzahl dieser Antworten nochmals **vier (4) Zusatzpunkte**!

⑤ Die nachstehende Tabelle enthält 40 Felder. Diese stehen in der Reihenfolge der von Ihnen eben bewerteten Aussagen. Übertragen Sie Ihre Antworten von den vorhergehenden Seiten in diese numerierten Felder und **vergessen Sie nicht, die vier Zusatzpunkte** für jede der drei auf Sie am ehesten zutreffenden Aussagen zu addieren.

⑥ **Zählen** Sie nun die Ergebnisse jeder einzelnen vertikalen Spalte zusammen und **dividieren** Sie das Ergebnis durch die Anzahl der Aussagen pro Spalte (fünf).

Der so ermittelte Durchschnittswert entspricht Ihrer Selbsteinschätzung im Hinblick auf das Zutreffen der Aussagen anhand einer Skala von eins bis sechs. Erklärungen zur Einteilung und Bedeutung der einzelnen Spalten finden Sie im Kapitel 4.3 dieses Handbuches.

Sie können zwar den Fragebogen jetzt bewerten, das Ergebnis wird jedoch erst dann für Sie verständlich sein, wenn Sie die nachfolgenden Textabschnitte gelesen haben. Lesen Sie bitte deswegen zunächst Kapitel 3 "Karriereentwicklung".

AUSWERTUNGSTABELLE

	TF		GM		SU		SB		UK		DH		TH		LS	
	1		2		3		4		5		6		7		8	
	9		10		11		12		13		14		15		16	
	17		18		19		20		21		22		23		24	
	25		26		27		28		29		30		31		32	
	33		34		35		36		37		38		39		40	
SUMME																
./.5																
DURCHSCHNITT																

Kapitel 2

3 KARRIEREENTWICKLUNG

Der Begriff "Karriere" wird auf verschiedene Art verwendet und kann die unterschiedlichsten Bedeutungen haben. Manchmal wird die Aussage, daß jemand "einer Karriere folgt" lediglich als Synonym dafür verwendet, daß der Betreffende eine Beschäftigung ausübt oder sein Berufsleben so durchorganisiert hat, daß ein kontinuierliches Vorankommen gewährleistet ist. Im Rahmen des vorliegenden Handbuchs umfaßt der Begriff "Karriere" die Entwicklung des Berufslebens der betreffenden Person und umschreibt, wie diese Entwicklung von dieser Person selbst eingeschätzt wird.

Man könnte dies auch als "innere Karriere" bezeichnen, um deutlich von dem Eindruck zu unterscheiden, den andere vom beruflichen Werdegang des Betreffenden haben. Jeder hat seine eigenen Vorstellungen über sein Berufsleben und die Rolle, die er selbst darin spielt. Im vorliegenden Handbuch geht es bei der Erläuterung des "Karriereanker"-Konzepts in erster Linie um eine detaillierte Erforschung dieser eigenen Vorstellung, der "inneren Karriere".

Um unser Konzept der "inneren Karriere" von anderen Verwendungen des Wortes zu unterscheiden, werden wir den Ausdruck "äußere Karriere" dann verwenden, wenn es um die Folge von Stufen geht, die Berufsstände oder andere Organisationen als Voraussetzungen für den Fortschritt in einem Beruf bestimmt haben. Für einen Arzt ist ein abgeschlossenes Medizinstudium Voraussetzung zur Berufsausübung, gefolgt von einer Assistenzzeit, der Approbation und der Spezialisierung als Facharzt etc. In manchen Unternehmen muß man die unterschiedlichsten Funktionen innerhalb des Betriebes ausüben, als Leiter eines Funktionsbereichs in einem der Unternehmensbereiche tätig sein, die einzelnen Geschäftsbereiche nacheinander kennenlernen und eine Stabsaufgabe übernehmen, ehe man die Möglichkeit erhält, eine umfassende Führungsaufgabe zu übernehmen und z. B. einen der Geschäftsbereiche als Geschäftsführer zu leiten. In einigen Unternehmen sind die Karrierewege genau definiert, die der Mitarbeiter durchlaufen muß, will er zu seinem Karriereziel gelangen.

Kapitel 3

Im folgenden umreißen wir die wichtigsten Phasen einer Karriere und geben eine Anleitung dazu, wie man berufliche Veränderungen oder ein Vorankommen im Sinne einer äußeren Karriere erfassen oder beurteilen kann. Als nächstes folgt die Beschreibung der Entwicklung der inneren Karriere und des Karriereanker-Konzeptes, d.h. des konkreten Bildes, das man von sich selbst in Zusammenhang mit dem eigenen beruflichen Werdegang entwickelt. Es handelt sich um ein Bild, das sowohl als Richtschnur als auch als Zwang im Hinblick auf Entscheidungen wirken kann, die den beruflichen Werdegang betreffen. Der Einsatz des Karriereanker-Konzeptes für das Personal-Management wird ebenfalls aus der Sicht des einzelnen Mitarbeiters und aus der des Vorgesetzten untersucht.

3.1 Die wichtigsten Phasen eines beruflichen Werdegangs[1]

Aus der Sicht des Einzelnen besteht ein beruflicher Werdegang aus mehreren bedeutenden Einheiten oder Phasen, die sowohl vom Betroffenen als auch von der Gesellschaft als solche erkannt werden. Die mit den einzelnen Einheiten oder Phasen verbundenen Zeitspannen variieren jedoch je nach Beruf oder Person deutlich. Die zehn unterschiedlichen Phasen werden in den nachfolgenden Absätzen beschrieben und anhand von Bild 1 verdeutlicht.

Phase 1: Wachsen, Phantasieren und Erkennen

In dieser Zeit (meist handelt es sich hierbei um die Kindheit und Jugend) existiert eine mögliche Beschäftigung lediglich im Ansatz als Gedanke. "Beruf" ist mehr oder weniger ein Fremdwort, mit Ausnahme des typischen Schablonendenkens zum Thema und einer nur sehr vagen Vorstellung davon, was beruflicher "Erfolg" sein könnte.. In diesem Stadium bereitet sich der Betreffende auf die berufliche bzw. Schulausbildung vor, die für den von ihm ausgewählten Beruf erforderlich ist.

---

[1] Die hier beschriebenen Phasen stammen aus den grundlegenden Forschungen von Donald Super und sind durch eigene Studien des Verfassers erweitert (Schein, 1978; Super, 1957; Super & Bohn, 1970). Zusätzlich wurden jüngere Arbeiten zu Karriereentwicklung und Lebensphasen berücksichtigt (Arthur, Hall & Lawrence, 1989; Dalton & Thompson, 1986; Derr, 1986; Feldman, 1988; Levinson, 1978, 1988).

Phase 2: Lernen und Berufsausbildung

Je nach Beruf kann es sich hierbei um einen äußerst aufwendigen oder auch nur in Ansätzen vorhandenen Prozess handeln, der entweder nur wenige Monate aber auch ein ganzes Leben andauern kann. Im Verlauf der beruflichen Ausbildung gilt es eine Vielzahl von Entscheidungen zu treffen, da sich die beruflichen Ziele langsam deutlicher abzeichnen und immer wieder verändern. In einigen Berufen (wie z.B. der Medizin) müssen Entscheidungen für die einzelnen Phasen der Karriere schon frühzeitig getroffen werden, um sicherzustellen, daß die Eingangsvoraussetzungen für den späteren Beruf schon im Verlauf der schulischen Ausbildung geschaffen werden.

Phase 3: Eintritt ins Berufsleben

Für die meisten Menschen stellt dieser Abschnitt, ungeachtet ihres Ausbildungsniveaus, eine Zeit der Umstellung dar. Sie lernen jetzt die Realität am Arbeitsplatz und ihre persönliche Reaktion darauf kennen. Im Klartext heißt dies, daß die Ausbildung den Einzelnen meist nicht auf die anscheinend irrationale und "politische" Seite einer Tätigkeit in einem Unternehmen oder einer Organisation vorbereitet. Neu ist auch die Tatsache, daß bei der täglichen Arbeit nicht nur logisches Denkvermögen und Vernunft, sondern auch Fingerspitzengefühl im Umgang mit den Mitarbeitern und ihren Gefühlen gefordert sind. In dieser Phase beginnt bei den meisten Berufstätigen der Lernprozess: Eine Vorstellung des eigenen beruflichen Werdegangs zeichnet sich langsam ab, während der Betroffene erstmals Gelegenheit hat, seine Fähigkeiten, Motive und Werte im Kreuzfeuer der realen Arbeitswelt einer Feuerprobe zu unterziehen.

Phase 4: Grundausbildung und berufliche Sozialisation

Länge und Intensität dieser Zeitspanne variieren je nach Beruf, arbeitgebender Organisation und Komplexität der Tätigkeit. Zusätzlich spielen die Prinzipien der arbeitgebenden Organisation hinsichtlich der Frage eine Rolle, wie wichtig es ist, einen Neuling in die Kultur der Organisation einzuführen. Schließlich ist auch das Ausmaß an Verantwortlichkeit von Bedeutung, die dem ausgeübten Beruf gesellschaftlich zugeschrieben wird. Je verantwortungsvoller der Beruf ist, desto länger und intensiver ist die Sozialisationsphase. Dieses Stadium ist eine wichtige Quelle des persönlichen Lernens, da seitens der beschäftigenden Organisation jetzt Anforderungen gestellt werden, auf die der Einzelne reagieren muß. Der Betroffene sieht sich mit wirklichen Entscheidungen konfrontiert: Er muß wählen, ob er in dem gewählten Beruf und/oder in der gewählten Organisation verbleiben will oder nicht. Dies hängt in erster Linie davon ab, wie er auf den Sozialisationsprozess reagiert.

Phase 5: Akzeptanz

Zu einem bestimmten Zeitpunkt erkennt der Betroffene entweder durch formelle Rituale oder durch die Übertragung von besonderen Aufgaben, daß er die Ausbildungsphase abgeschlossen hat und als vollwertiger Mitspieler der Leistungsgemeinschaft akzeptiert wird. Zu diesem Zeitpunkt entwickelt sich auch das persönliche Bewußtsein der Zugehörigkeit zu einer Berufsgruppe oder zu einer Organisation. Arbeitsmotivation und Werte zeichnen sich deutlicher ab. Man erkennt sie an den eigenen Reaktionen auf die unterschiedlichsten Herausforderungssituationen, bei denen bewußte Wahlakte gefordert sind. Man entwickelt einen deutlicheren Zugang zu seinen eigenen Fähigkeiten, Stärken und Schwächen.

Phase 6: Dauerhafte Beschäftigung und Zugehörigkeit

Innerhalb der ersten fünf bis zehn Jahre des beruflichen Werdeganges werden in den meisten Unternehmen und Berufsfeldern Entscheidungen darüber getroffen, ob der Betreffende dauerhaft "dazugehört". Diese Entscheidung zeigt dem Mitarbeiter, ob er auf lange Sicht eine Zukunft im Unternehmen hat. Die "Beschäftigungsgarantie" wird entweder formell oder symbolisch ausgesprochen und solange gewährt, wie auch die entsprechende Funktion innerhalb des Unternehmens existiert. Bei den meisten Unternehmen ist dieser Vorgang jedoch wenig formalisiert, sondern funktioniert über ungeschriebene Normen, die durch die Beförderungs- und Kündigungspraxis deutlich werden.

Phase 7: Krise der mittleren Jahre

Obwohl es noch nicht völlig klar ist, ob es sich bei diesem Stadium lediglich um eine (Übergangs-)Krise oder um ein eigenständiges Entwicklungsstadium handelt, gibt es zunehmende Anzeichen dafür, daß die meisten Menschen irgendeine Art von Neuorientierung der eigenen Person vornehmen, wenn sie schon ziemlich lange beruflich tätig sind. Dabei stellen sie sich Fragen über ihre ursprüngliche Berufswahl ("Habe ich tatsächlich den richtigen Beruf ergriffen?"), ihr berufliches Vorankommen ("Habe ich all das erreicht, was ich mir ursprünglich erhofft habe?" oder "Was habe ich schon erreicht, war es die Opfer wert?") und ihre Zukunft ("Soll ich so weitermachen oder soll ich mich verändern?" oder "Was will ich mit meinem restlichen Leben anfangen, wie paßt mein Beruf zu meinen Plänen?"). Diese Art einer Neuorientierung kann zwar durchaus traumatisch sein, von den meisten Menschen jedoch wird sie als normaler Vorgang gesehen, der ziemlich schmerzlos abläuft und meist zur Neuentdeckung oder erneuten Bestätigung von beruflichen Zielen führt, die zwar vorhanden aber nicht bewußt waren. Wenn Menschen solche Ziele wieder mehr in den Vordergrund holen, dann geben sie offenbar damit manchmal auch ihrer berufliche Entwicklung neue Impulse. Diese Veränderungen werden jedoch von den Betroffenen selbst nur selten als herausragende Ereignisse eingestuft. Meistens erlebt man sie im Sinne von "endlich mache ich das, was ich eigentlich schon längst mit meinem Leben anfangen wollte!".

Phase 8: Schwung erhalten, wiedergewinnen oder Ausklingenlassen

Die Erkenntnisse aus der vorstehend beschriebenen Neuorientierung führen zu Entscheidungen, wie die verbleibende Zeit im Beruf genutzt werden soll. Jeder Berufstätige entwickelt in dieser Phase eine ihm eigene Lösung, die seine nächsten Schritte bestimmt. Für manche bedeutet dies, die Karriereleiter so weit wie nur möglich hochklettern zu wollen, für andere hängt damit eine Neudefinition jener Arbeitsfelder zusammen, in denen sie weiterhin tätig sein möchten. Und für viele umfaßt dies auch komplizierte und komplexe Überlegungen, wie man Beruf, Familie und eigene Interessen am besten unter einen Hut bringen kann. Diejenigen, bei denen die persönlichen Fähigkeiten ein "Ausklingenlassen" nahelegen, kann es zu einer psychologisch äußerst schwierigen Anpassung an die neue Situation kommen. Für eine Vielzahl von arbeitenden Menschen jedoch ist das berufliche "Ausklingenlassen" eine Entscheidung, die auf der Erkenntnis beruht, daß die eigenen Fähigkeiten, Motive und Werte kein weiteres Höherstreben erfordern.

Phase 9: Loslösung

Es ist unausweichlich, daß jemand in diesem Stadium einen Gang zurückschaltet, in seinem Engagement nachläßt, sich Gedanken über den Ruhestand macht und sich auf diesen neuen Lebensabschnitt langsam vorbereitet. Manche leugnen aggressiv die Realität des anstehenden Ruhestand und tun wie gewohnt ihre Arbeit. Jede Initiative, Ihnen eine solche Vorbereitung nahezubringen, wird dann abgeblockt.

Phase 10: Ruhestand

Ob sich jemand nun darauf vorbereitet hat oder nicht, die arbeitgebende Organisation stellt keine sinnvolle Berufsrolle mehr zur Verfügung und der Betroffene muß sich darauf einstellen. Was zu diesem Zeitpunkt aus der beruflichen Selbsteinschätzung wird, hängt vom Einzelnen ab und variiert stark. Manche lassen sich frühzeitig pensionieren, wenn das Tätigkeitsfeld dies nahelegt oder einfach, weil sie es so wollen und dann die Möglichkeit haben, noch rechtzeitig in anderen Branchen tätig zu werden und eine zweite Karriere aufzubauen. Für andere ist die Pensionierung ein Trauma, die zu physischen oder psychischen Erkrankungen und in einzelnen Fällen sogar zu einem frühzeitigen Tod führen kann.

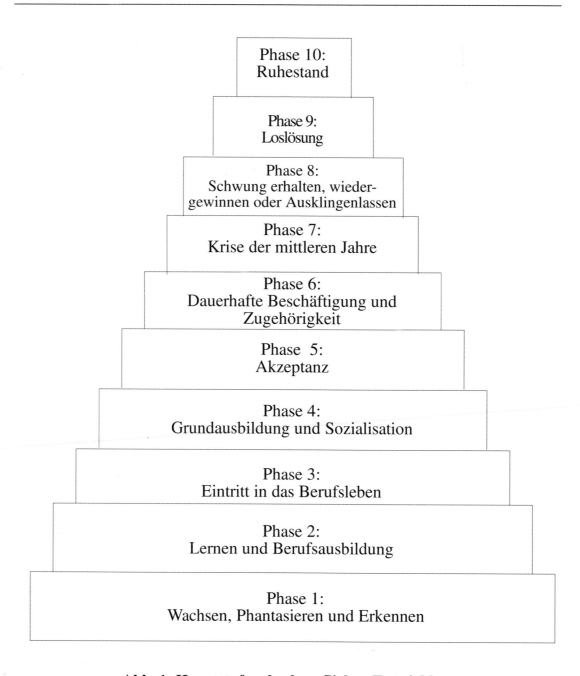

Abb. 1: Hauptstufen der beruflichen Entwicklung

Die vorstehend beschriebenen Phasen fungieren als eine Art innere Lebensuhr für jeden Berufstätigen. Die einzelnen Stadien können jedoch sehr kurz oder auch lang sein, sich wiederholen (wenn z.B. ein Berufstätiger von einer Beschäftigung zu einer anderen wechselt) und sind nicht unbedingt bestimmten Altersgruppen zuzuordnen. Innerhalb einer bestimmten Berufsgruppe kann es natürlich so sein, daß die einzelnen Phasen mit einem bestimmten Alter übereinstimmen, der Zusammenhang zwischen Stadium und Alter unterscheidet sich jedoch für einen Arzt, einen Büroangestellten, Geschäftsführer, Ladenbesitzer, Ingenieur oder Berater deutlich.

3.2 Berufliche Entwicklung, Aufstieg, Erfolg

Der Maßstab, an dem der Einzelne seinen persönlichen beruflichen Erfolg orientiert, kann sich sehr von den Maßstäben der Gesellschaft unterscheiden. Tatsächlich hängt die subjektive Definition des Begriffs "Erfolg" größtenteils von den persönlichen Karriereankern oder der inneren Karriere ab. Jegliches berufliche Vorankommen läßt sich entlang dreier Hauptdimensionen festlegen, die einer Bewegung innerhalb einer Organisation oder innerhalb eines Tätigkeitsfeldes entsprechen. Abb. 2 zeigt diese drei Dimensionen in der Organisationspyramide.

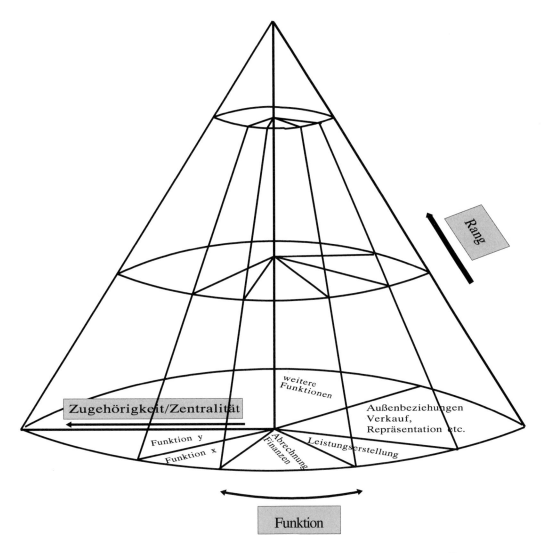

Abb 2: Dreidimensionales Modell der Organisation[2]

---

[2] Übernommen aus E. Schein: The Individual, the Organization and the Career: A Conceptual Scheme, in: Journal of Applied Behavioral Science, 7(1971), S. 404; Copyright 1971 JAI Press Inc., Nachdruck mit Genehmigung des Verlages.

3.2.1 Entwicklung durch horizontales Überschreiten von Funktionsgrenzen: Ausbau der Fähigkeiten und Fertigkeiten

Wenn Menschen ihren beruflichen Aufstieg gestalten, verändern sie sich in dem, was sie können und wie gut sie es können. Dies kann das Ergebnis eigener Anstrengung sein, es kann auch in den Ausbildungs- und Entwicklungsmaßnahmen begründet liegen, die von einer Organisation oder von einem Arbeitgeber bereitgestellt werden. Diese Form beruflichen Wachstums ist mit funktionsübergreifender Job-Rotation und formalen Ausbildungsgängen verbunden. Sie führt zu einer Veränderung der Arbeitsinhalte, spiegelt auch die wachsende Tendenz wider, immer wieder andere Tätigkeiten zu übernehmen und sich für verschiedene Arbeitsbereiche zu qualifizieren. Die Entwicklung der Vergütungssysteme folgt diesem Trend, indem die Höhe der Vergütung auch den Umfang der verschiedenen eingesetzten Fähigkeiten berücksichtigt.

3.2.2 Entwicklung durch Überschreiten hierarchischer Grenzen: Aufstieg

In jedem Beruf oder Unternehmen gibt es eine bestimmte Hierarchie oder ein spezielles System von Rangstufen und Titeln, anhand derer bzw. dessen der Mitarbeiter sein berufliches Fortkommen messen kann. Erfolg hängt dann vom Erreichen oder Überspringen der Hierarchieebene ab, auf die man ursprünglich hingearbeitet hat. Die eigene Erfolgszumessung kann auch hier von der anderer Kollegen abweichen. Ein "Unternehmer" kann sich z.B. als Versager fühlen, obwohl er viel Geld verdient hat, wenn alle seine Freunde in Unternehmen tätig sind, deren Wert hoch eingeschätzt wird. Ein Angestellter z.B. empfindet sich nach Erreichen des mittleren Managements als äußerst erfolgreich, da er weit höher in der Hierarchie aufgestiegen ist, als dies bei seinem Vater der Fall war.

Ohne Kenntnis des individuellen Anspruchsniveaus ist eine Bewertung subjektiver Empfindungen im Hinblick auf Erfolg nicht möglich. Dieses Niveau wird von dem geprägt, was die Gesellschaft als Erfolg definiert und an äußerlichen Merkmalen festmacht. Diese äußerlichen Merkmale gelten in der Regel für einen bestimmten Beruf und nicht unbedingt für die gesamte Gesellschaft. In den westlichen Industriegsellschaften mag Geld als allgemeiner Maßstab für Erfolg gelten, für Ingenieure jedoch können ganz andere Kriterien zutreffen (z.B. die Anzahl der Patente). Für Professoren kann der Ruf der Universität und die Wertschätzung der Kollegen mehr zählen als Geld. Bei Managern ist oftmals die Größe und Bedeutung des eigenen Einflußbereiches das Maß aller Dinge, nicht aber das eigene Gehalt. Um die persönlichen Erfolgskriterien zu begreifen, muß man wissen, welche gesellschaftliche oder berufliche Bezugsgruppe der Einzelne für maßgeblich hält.

3.2.3 Entwicklung durch Annäherung an das Zentrum: Erwerb von Einfluß und Macht

Ein bedeutendes Kriterium bei der Bewertung von Erfolg ist das Ausmaß, in dem jemand sich als Teil des inneren Führungskreises einer Organisation oder einer Berufsgruppe erlebt. Ein derartiges Vordringen ist oft mit einem Aufstieg in der Hierarchie verbunden, kann jedoch auch unabhängig davon erreicht werden. Ein Mitarbeiter mag z.B. seine berufliche Endstufe bereits erreicht haben, wird aber wegen seiner Erfahrung, langjährigen Betriebszugehörigkeit oder Persönlichkeit von Vorgesetzten und anderen hochrangigen Führungskräften um Rat gefragt und hat dadurch immer noch einen Einfluß auf die Geschicke der Organisation. In den unterschiedlichsten Betrieben besitzen Mitarbeiter der technischen Bereiche oftmals diese Möglichkeit zur Einflußnahme. Sekretärinnen haben häufig mehr Macht und Einfluß, als dies ihrer eigentlichen Position entspricht, bedingt durch informelle Kontakte, die im Laufe der Jahre aufgebaut wurden.

Da eine derartige Bedeutung der Person jedoch wenig sichtbar wird, kann ihr Ausmaß ohne Gespräche mit den Betreffenden nicht bewertet werden. Ein bestimmter Mitarbeiter kann unter Umständen der Meinung sein, durch Zugehörigkeit zum engeren Führungskreis einer Organisation und die Möglichkeit zur Einflußnahme äußerst erfolgreich zu sein. Solange ihn andere aber nicht zu diesem Thema befragen, können sie seine Selbsteinschätzung möglicherweise völlig falsch interpretieren. Erfolg kann z.B. in einem sorgfältig aufgebauten Netz von Kontakten verankert sein. Dies kann den Betreffenden unter Umständen zur Ablehnung einer Beförderung veranlassen, wenn nämlich dadurch das aufgebaute Netz zerstört würde. Die Beförderung würde ihn zwar "nach oben" bringen, ihn aber gleichzeitig aus seinem vertrauten Umfeld reißen.

Berufliche Veränderungen vollziehen sich also entweder entlang funktional-zirkulärer, horizontal-radialer oder vertikal-hierarchischer Linien und individuelle Karrierewege sind als komplexes Zusammenspiel dieser drei Richtungen zu beschreiben. Die Menschen im Arbeitsleben sind aufgrund ihrer unterschiedlichen Erwartungen und Selbsteinschätzung äußerst sensibel, was die Art von Veränderungen bei einem Wechsel ihrer Tätigkeit betrifft. Das Konzept des Karriereankers ist eine Möglichkeit, diese Selbsteinschätzung als Teil der "inneren Karriere" zu beschreiben.

Kapitel 3

4 AUFBAU EINES KARRIEREANKERS

4.1 Wie sich ein Karriereanker formiert

Im Verlauf seines beruflichen Werdeganges entwickelt ein Mensch ein "Selbstkonzept", eine Vorstellung der eigenen Persönlichkeit, die u.a. klare Antworten auf folgende Fragen enthält:

1. Welches sind meine besonderen Fähigkeiten und Fertigkeiten, welche Kompetenzen habe ich? Wo liegen meine Stärken und Schwächen?

2. Welches sind die Hauptbeweggründe, Bedürfnisse, Motivationen und Ziele in meinem Leben? Was will ich und was will ich nicht? Entweder weil ich es noch nie wollte oder weil ich zur Erkenntnis gelangt bin, daß ich es nicht mehr will.

3. Welches sind meine Werthaltungen, die Hauptkriterien, mit deren ich meine Tätigkeit beurteile? Bin ich in einer Organisation tätig oder mit einer Aufgabe betraut, die sich mit meinen Werten vereinbaren lassen? Wie wohl fühle ich mich bei meiner Tätigkeit? Wie stolz bin ich auf meine Arbeit bzw. wie unangenehm ist mir mein beruflicher Erfolg?

Dieses Selbstbild basiert auf Einsichten, die man während der Jugend und im Verlauf der Erziehung aus durchlebten Erfahrungen gewonnen hat. Dies kann jedoch noch kein fundiertes Selbstkonzept sein, solange der Betreffende nicht genug berufliche Erfahrungen gesammelt hat, um seine besonderen Fähigkeiten, Motive und Werte erkennen zu können. Solches Lernen kann unter Umständen zehn und mehr Jahre Arbeitserfahrungen benötigen. Setzt man sich vielen unterschiedlichen Erfahrungen aus und erhält jeweils ein aussagekräftiges Feedback, dann entwickelt sich die Vorstellung über die eigene Person rascher. Hat man in der Anfangsphase der beruflichen Entwicklung jedoch nur wenige Tätigkeiten ausgeübt und nur minimale Rückmeldungen erhalten, so kann es erheblich länger dauern.

Fähigkeiten, Motive und Werte vernetzen sich immer mehr ineinander. Man lernt sehr schnell, diejenigen Dinge besser zu tun, zu denen man entweder motiviert ist oder denen man einen hohen Stellenwert zumißt. Umgekehrt bewertet man das höher, was man gut kann und hat dazu auch eine stärkere Motivation. Man lernt ebenso im Laufe der Zeit, diejenigen Aufgaben zu vermeiden, bei denen man nicht so gut abschneidet. Ohne ein ausreichendes Feedback jedoch gibt man sich möglicherweise Illusionen hin, die unweigerlich zu wiederholtem Versagen führen. Fähigkeiten verkümmern ohne die entsprechende Motivation. Andererseits können neue Herausforderungen verborgene Talente zutage fördern, die vorher einfach mangels Gelegenheit nicht hervortreten konnten.

Menschen unterscheiden sich hinsichtlich des Ausmaßes, in dem ihre Fähigkeiten, Motive oder Werte das eigene Selbstbild beeinflussen und damit in der beruflichen Entwicklung ein Thema darstellen. Im Verlauf der Entwicklung veranlaßt das Bedürfnis nach durchgängiger Klarheit über sich selbst uns jedoch, die verschiedenen Elemente unseres Selbstbildes zu einem einheitlichen Ganzen zu ordnen und zu fügen. Wie kann man sich diese durchgängige Klarheit im Selbstbild erarbeiten? Der Eintritt in die Arbeitswelt beginnt für den Anfänger mit einer Vielzahl von Erwartungen, Hoffnungen, Ängsten und Illusionen, meist jedoch mit relativ beschränktem konkreten Wissen über die eigene Person. Vor allem über die eigenen Fähigkeiten und Talente wissen wir zu Beginn des Arbeitslebens noch wenig. Durch Versuch und Ratschläge bekommt der Berufstätige langsam einen Eindruck davon, wie seine Interessen, Beweggründe und Werte sowie seine intellektuellen und motorischen Fertigkeiten gelagert sind. Meist ist der Betreffende jedoch noch nicht in der Lage, konkret beurteilen zu können, wie gut er eine bestimmte Aufgabe meistern kann oder wie er emotional auf sie reagieren wird.

Dies gilt insbesondere für Führungsaufgaben, weil die dazu erforderlichen Schlüsselfähigkeiten und -fertigkeiten während der Ausbildung nur ungenügend einzuüben sind. Erst wenn jemand die Verantwortung für große Geldsummen übernimmt, Personalentscheidungen treffen oder einem bewährten Mitarbeiter etwas abschlagen muß, erst dann kann jemand feststellen, ob er dazu in der Lage ist und ob ihm diese Aufgabe auch zusagt. Dieses Prinzip gilt selbstverständlich auch für eine Vielzahl anderer Berufe: man kann erst dann feststellen, ob einem eine Tätigkeit liegt oder ob man die entsprechende Fähigkeit dazu besitzt, wenn man diese Tätigkeit in der Praxis auch ausgeübt hat.

Die frühen Jahre der Berufsausübung sind die wichtigsten, was das Lernen betrifft: Lernen über den Beruf oder die arbeitgebende Organisation und Lernen über sich selbst in Bezug auf die ausgeübte Tätigkeit. Der Prozess ist oft schmerzhaft und voller Überraschungen wegen der vielen falschen Vorstellungen und Illusionen, mit denen wir in unsere ersten Arbeitssituationen hineingehen. Viele der Träume über sich selbst und über das eigene Arbeitsleben werden nicht mit den tatsächlichen Erfahrungen am Arbeitsplatz übereinstimmen. Sie können einen "Praxisschock" auslösen, ein Phänomen, das in allen Berufen in den ersten Jahren auftritt.

Während Menschen ihre Arbeitserfahrungen sammeln, haben sie die Möglichkeit, Entscheidungen zu treffen, Wahlakte zu gestalten. Aus den getroffenen Entscheidung wird abgeleitet, was wichtig ist. Für jeden tauchen jetzt die wichtigen Themen auf - entscheidende Fertigkeiten oder Fähigkeiten, die der Einzelne anwenden möchte, grundlegende Bedürfnisse oder Werte, die die Einstellung zum weiteren Leben prägen. Eine vage Vorstellung dieser Elemente mag zwar schon vorher existiert haben, erst mit der wirklichen Lebenserfahrung wird Bedeutung erkennbar, erschließt sich der Zusammenhang zwischen eigenen Fähigkeiten, Motiven oder Werten und anderen Elementen der Gesamtpersönlichkeit. Erst in der Konfrontation mit schwierigen Entscheidungen befindet ein Mensch darüber, was für ihn wirklich wichtig ist.

Mit zunehmender Erfahrung am Arbeitsplatz und entsprechenden Rückmeldungen entsteht Klarheit und Einsicht, eine Vorbedingung für rationalere und wirkungsvollere Entscheidungen zum weiteren beruflichen Werdegang. Das Selbstkonzept fungiert als Leitsystem und wirkt als Anker, der die Wahlmöglichkeiten beschränkt. Der Mensch entwickelt ein Gespür dafür, was "seins" ist und was nicht. Dieses Selbstwissen hält jemanden "auf Kurs" oder im "schützenden Hafen". Wenn Menschen sich auf ihre bisher getroffenen beruflichen Entscheidungen besinnen, erkennen sie immer wieder, daß sie zu Dingen zurückgezogen zu werden, von denen sie schon abgekommen waren. Sie überlegen, was sie "eigentlich" machen wollen und versuchen so, sich "selbst zu finden".

Der Karriereanker, wie er hier verstanden wird, ist "das" Element im Selbstkonzept, das jemand keinesfalls aufzugeben gewillt ist, auch nicht angesichts schwieriger Entscheidungen. Üblicherweise gelingt es Menschen, in ihrem Beruf ein breites Spektrum unterschiedlicher Bedürfnisse zu berücksichtigen, die jedoch nicht alle von gleicher Bedeutung für sie sind. Wenn das Erfüllen sämtlicher Bedürfnisse nicht möglich ist, so ist es natürlich wichtig zu wissen, welche davon die höchste Priorität haben.

Der persönliche Karriereanker muß nicht immer dem ausgeübten Beruf entsprechen. Oft sind äußere Zwänge gegeben, auf die der Einzelne keinen Einfluß hat. Wirtschaftliche Umstände oder Krankheit in der Familie können jemanden daran hindern, jene beruflichen Ziele zu verfolgen, die das Selbstkonzept eigentlich nahelegt. Bei einem Interview würde man dann in diesem Fall die Aussage hören, daß die derzeitige Tätigkeit weder der eigenen Persönlichkeit noch den persönlichen Präferenzen oder Fähigkeiten entspricht. Das sind nicht immer nur bloße Illusionen, vielfach haben Menschen ihr Selbstbild in dem Moment beruflich verwirklicht, in dem die äußeren Zwänge aufgehoben waren.

Der Karriereanker ist die Vorstellung, die man von sich selbst hat: sie kann bemerkenswert stabil bleiben, auch ohne die Gelegenheit zur Verwirklichung. Der Künstler, der Taxi fährt, um nicht verhungern zu müssen, ist ein klassisches Beispiel dafür. Das Selbstbild wird sich dann ändern, wenn der Betreffende systematisch bestimmte Erfahrungen mit entsprechendem Feedback durchlebt, so daß es ihm unmöglich wird, an seinen Illusionen weiterhin festzuhalten. Dies wäre z.B. der Fall des Künstlers, dessen "Kunstwerke" nicht einmal seinen eigenen künstlerischen Ansprüchen genügen. Das Selbstbild wird sich jedoch solange nicht ändern, wie die Beschränkungen und Zwänge lediglich als äußerlich und befristet angesehen werden.

Schon früh im Verlauf der Karriere sieht man sich der Schwierigkeit gegenüber, berufliche, familiäre und persönliche Prioritäten in Einklang bringen zu müssen. Manche entscheiden sich für eine Mindergewichtung der Arbeitssphäre, betrachten den Beruf lediglich als HIlfsmittel zum Überleben. Für diese Menschen wird die Erfahrung durch etwas geformt, was man als "Lebensanker" bezeichnen könnte. Für unsere Überlegungen gehen wir von denjenigen Berufstätigen aus, für die Arbeit und Beruf bedeutungsvoll genug sind, um die Verwendung des Begriffs "Karriereanker" zu rechtfertigen. Für viele jüngere Berufstätige kann das Konzept eines Lebensankers sinnvoller sein und für viele ältere Beschäftigte hat unter Umständen eine Neudefinition des beruflichen Engagements dazu geführt, daß die Bedeutung ihres Karriereankers geringer wurde.

4.2 Die konzeptionellen Grundlagen des Karriereankers

Das Konzept des Karriereankers wurde aus einer Studie entwickelt, die ursprünglich zum besseren Verständnis für das Entstehen von Managerkarrieren durchgeführt wurde. Es interessierte auch, wie Mitarbeiter die kulturellen Orientierungen, die Werte und Verhaltensmuster lernen, die in ihrer arbeitgebenden Organisation jeweils gelten Eine Langzeitstudie an vierundvierzig Studenten des MBA-Studienganges an der Sloan School of Management wurde im Jahre 1961 gestartet. Die ersten Interviews und Umfragen zu Werthaltungen und Einstellungen wurden 1961, 1962 und 1963 durchgeführt, als die Befragten im zweiten Studienjahr des zweijährigen MBA-Studienganges waren. Sämtliche Teilnehmer wurden dann sechs

Monate nach Abschluß des Studiums an ihren Arbeitsplätzen erneut befragt und ein Jahr nach Abschluß ein drittes Mal. Diese Interviews gaben einen klaren Aufschluß über die Probleme, die beim Wechsel von der Universität in die Praxis auftraten.

Fünf Jahre nach dem Examen wurden dann von sämtlichen Teilnehmern erneut Fragebögen ausgefüllt und im Jahre 1973 wurden wiederum Interviews mit den ursprünglichen Teilnehmern durchgeführt. Mittlerweile hatten die Teilnehmer schon zwischen zehn und zwölf Jahre Karriere hinter sich. Aus diesen Quellen entstanden Einsichten über die Entwicklung der inneren Karriere. Die 1973 durchgeführten Interviews ergaben eine detaillierte, chronologische Entwicklung des beruflichen Werdegangs. Die Befragten wurden nach ihren Schlüsselereignissen und -entscheidungen gefragt. Sie sollten auch Überlegungen äußern, weswegen sie eben jene Entscheidungen getroffen hatten und wie es ihnen mit den Veränderungen in ihrem Berufsleben ergangen war. Der Aufbau des damals durchgeführten Interviews entspricht im Wesentlichen dem in diesem Buch.

Die einzelnen Ereignisse der jeweiligen beruflichen Entwicklungsgeschichte, also der "Karriere," variieren sehr deutlich. Hingegen stimmen die den Entscheidungen zugrundeliegenden Motive und das Gefühlsmuster im Hinblick auf die Auslöseereignisse in erstaunlichem Maße überein. Für jeden einzelnen der Befragten spiegelten die grundlegenden Themen - ohne daß ihm dies bewußt war - ein zunehmendes Bewußtwerden der eigenen Person wieder, das auf den Erfahrungen der ersten Berufsjahre beruhte. Wenn diese Menschen eine Arbeit übernahmen, die ihnen als unpassend für sich selbst erschienen, erlebten sie sich als "zu einem Punkt zurückgezogen" zu werden, an dem man irgendwie "hängt". So entstand das Bild des "Ankers".

4.3 Die acht verschiedenen Karriereanker

Basierend auf der beschriebenen Langzeitstudie und den später durchgeführten Interviews zur Karriere-Entwicklung bei mehreren hundert Befragten in verschiedenen Stadien ihres Berufs, wurden acht unterschiedliche Kategorien zur beruflichen Grundorientierung, also acht unterschiedliche Karriereanker ermittelt:

* **Technische / funktionale Kompetenz**
* **Befähigung zum General Management**
* **Selbständigkeit/Unabhängigkeit**
* **Sicherheit/Beständigkeit**
* **Unternehmerische Kreativität**
* **Dienst oder Hingabe für eine Idee oder Sache**
* **Totale Herausforderung**
* **Lebensstilintegration**

Bis zu einem bestimmten Grad treffen alle Kategorien auf jeden arbeitenden Menschen zu. Die Bezeichnung "Karriereanker" verweist auf einen Bereich, der für den Betreffenden von solch erheblicher Bedeutung ist, daß er auf diese Orientierung niemals verzichten würde. Der Betreffende definiert das Bild, daß er von sich selbst hat, anhand dieses Kriteriums, so daß es in jeder Phase des beruflichen Werdegangs zu einem dominierenden Thema wird. Um dieses Konzept in seiner ganzen Tragweite erfassen und verstehen zu können, muß man jeden einzelnen Anker eingehend betrachten, und herausfinden, wie sehr sich Berufstätige mit verschiedenen Karriereankern voneinander unterscheiden. Die nachfolgende Beschreibung der acht "Anker" soll dem Leser diese Information vermitteln. Jede Beschreibung beginnt mit der allgemeinen Charakterisierung des speziellen Ankertyps und untersucht dann diejenigen Bereiche, die für den Umgang mit einer Person dieser Orientierung wichtig sind. Dies beinhaltet neben der Art der Arbeit auch Fragen der Entlohnung und Nebenleistungen sowie Vorlieben bei Beförderungen und Anerkennungen.

Technische / funktionale Kompetenz

Manche Menschen stellen im Verlauf ihrer Karriere fest, daß sie sowohl ein besonderes Talent als auch eine hohe Motivation für eine bestimmte Art von Arbeit besitzen. Was sie "antörnt" ist der Einsatz ihres Talents und die Befriedigung, zu wissen, daß sie Experten sind. Das kann jede Art von Arbeit oder Tätigkeit sein. Ein Ingenieur kann z.B. feststellen, daß er ein hervorragender Konstrukteur ist, ein Verkäufer kann seine Befähigung zum und Spaß am Verkauf entdecken, ein Fertigungsleiter kann an der Leitung äußerst komplexer Fabriken ein ungeahntes Vergnügen erleben, ein Finanzanalytiker kann sein Talent für die Lösung komplexer Finanzierungsfragen entdecken, ein Lehrer seinen Spaß an zunehmender Fachkenntnis auf einem bestimmten Gebiet haben usw.

Im Verlauf ihres Berufslebens erkennen die Betreffenden dann, daß ihnen der Spaß an der Arbeit verlorengeht, wenn sie in andere Fachgebiete versetzt werden. Sie fühlen sich zu den Arbeitsbereichen hingezogen, in denen sie besonders qualifiziert sind und wo sie die größte Befriedigung empfinden. Sie identifizieren sich mit dem Inhalt ihrer speziellen Tätigkeit, dem technischen/funktionalen Bereich, in dem sie erfolgreich sind und entwickeln in diesem Feld immer noch weitere Fähigkeiten.

Wer in diesem Sinne in technisch/funktionaler Kompetenz "verankert" ist, verschreibt sich einem Leben der Spezialisierung und achtet die Reize des General Managements gering. So jemand wäre unter Umständen zwar bereit, die Aufgabe des Leiters eines Funktionsbereichs zu übernehmen, Voraussetzung wäre jedoch, er könnte weiterhin auf dem eigenen Fachgebiet tätig sein. Ungeachtet der Tatsache, daß die meisten Berufe mit einer technischen/funktionalen Ausrichtung beginnen und daß in den frühen Stadien meist eine solche Spezialisierung dazugehört, muß nicht unbedingt jeder freudestrahlend diese Spezialisierung auch mögen. Für manche Berufstätige ist eine Spezialisierung eher als Muß für den Einstieg in ein bestimmtes Unternehmen oder als Sicherheit zu sehen, denn als ein Ziel um seiner selbst Willen. Für andere wiederum dient die Spezialisierung lediglich als Sprosse in der Leiter nach oben, als unverzichtbares Sprungbrett für eine Karriere in der General-Management-Laufbahn. Für wieder andere stellt sie die Möglichkeit dar, sich die Kenntnisse anzueignen, die sie beim Schritt in die Selbständigkeit eines eigenen Unternehmens brauchen. Die Folge dieser unterschiedlichen Einstellungen ist, daß die meisten ihren beruflichen Werdegang zwar mit der Spezialisierung beginnen, aber nur ein geringer Prozentsatz diese Spezialisierung als so lohnend empfindet, daß er seinen Karriereanker darauf gründen würde.

Kapitel 4

*Art der Arbeit.* Nach Ansicht der Menschen, die an diesem Karriereanker hängen, muß eine Aufgabe in erster Linie eine fachliche Herausforderung darstellen. Fordert die Tätigkeit die Fähigkeiten und Fertigkeiten des Betreffenden nicht, so wird sie schnell als langweilig und sogar erniedrigend empfunden. Man sucht sich dann andere Aufgaben. Da ihre Selbstachtung in starkem Maße vom Einsatz der eigenen fachlichen Fähigkeiten abhängt, brauchen sie Aufgaben, die ihnen einen solchen Einsatz auch erlauben. Während andere sich eher um das Umfeld ihrer Tätigkeit kümmern, ist für diese Art von Menschen der tatsächliche Arbeitsinhalt ausschlaggebend.

Technisch/funktional orientierte Mitarbeiter, die sich an eine Organisation gebunden haben (im Gegensatz zu unabhängigen Beratern), sind nicht nur willens, sondern bemüht, Ziele gemeinsam festzulegen. Sind die Ziele jedoch einmal definiert, verlangen sie bei ihrem Arbeitseinsatz völlig freie Hand. Sie fordern nicht nur Autonomie bei der Arbeit, sondern auch uneingeschränkte Verfügung über Gerät, Material, Budget und Ressourcen aller Art, um ihre Aufgabe angemessen durchzuführen. Oftmals ergibt sich hier ein Konflikt zwischen dem General Management - das naturgemäß die Kosten für Spezialistenfunktionen einschränken möchte - und den Spezialisten, die sich gerne alles leisten möchten, was sie für eine ordentliche Arbeit als notwendig erachten.

Menschen, die in dieser Weise in ihrer Tätigkeit "verankert" sind, werden Verwaltungs- oder Managementaufgaben nur solange tolerieren, wie sie ihrer Ansicht nach unbedingt der Aufgabenerfüllung förderlich sind. Doch derartige Tätigkeiten bleiben für sie in erster Linie ein lästiges Übel ohne jeden Reiz. Die Beförderung in eine umfassender orientierte Führungsfunktion ist für diese Menschen nicht erstrebenswert, weil sie dadurch aus jener fachlichen Spezialisierung herausgeholt werden, die ihre Identität ausmacht.

Führungsfähigkeiten sind in dieser Gruppe unterschiedlich verteilt. Es entsteht das Dilemma, daß dieser Gruppe zugehörige Personen in eine leitende Position befördert werden und dann feststellen müssen, daß ihnen jegliches Talent zur Mitarbeiterführung abgeht. Wegen der erfolgten Beförderung in die Managementposition sind sie in der Organisation "blockiert", denn eine Rückkehr zu technisch/funktional orientierten Aufgaben ist nicht oder nur sehr schwer möglich.

Es kann für ein Unternehmen und für den betroffenen Mitarbeiter sehr schwer sein, in einer fortgeschrittenen Phase der Berufsentwicklung eine ansprechende Aufgabe und herausfordernde Tätigkeit zu finden. Den Betreffenden als Ausbilder und Mentor für jüngere Mitarbeiter einzusetzen, wäre eine mögliche Lösung. Eine sorgfältige Neugestaltung der Arbeitsaufgabe ist ein anderer Weg, um die langjährige Erfahrung eines älteren Experten nutzen zu können. Sie setzt voraus, daß der Betreffende innerhalb seines Fachgebietes zu einer Art von fachlichem Generalisten heranreift und anstehende Probleme auf breiterer Expertenbasis angehen könnte.

Entlohnung und Nebenleistungen. Technisch/funktional orientierte Mitarbeiter möchten nach ihren Fähigkeiten und fachlichen Kompetenzen entlohnt werden, die sie anhand von Ausbildung und Arbeitserfahrung definieren. Ein Dr.-Ing wird ein höheres Gehalt als ein Diplom-Ingenieur fordern, ungeachtet seiner tatsächlichen Leistungen. Mitarbeiter dieser Kategorie streben nach *externer Gleichbehandlung*: Sie messen ihr Einkommen an dem ihrer Kollegen, die mit vergleichbaren Fähigkeiten in *anderen Unternehmen* beschäftigt sind. Sie werden sich auch auf dem höchstbezahlten Posten in ihrem Unternehmen als unterbezahlt und unfair behandelt fühlen, wenn ihr Einkommen niedriger ist, als das ihnen Gleichgestellter in anderen Unternehmen.

Für technisch/funktional orientierte Mitarbeiter zählt eher die absolute Gehaltshöhe, Leistungsanreize wie Prämien oder sonstige Nebenleistungen sind ihnen weniger wichtig - ausgenommen, sie werden als Anerkennung ihrer fachlichen Leistungen gewährt. Wahrscheinlich ziehen sie materielle Nebenleistungen des Arbeitgebers (Cafeteria-System) vor, die sie beim Wechsel des Arbeitsplatzes mitnehmen können (Dinge wie z.B. eine Lebensversicherung oder betriebliche Altersversorgung), da sie sich selbst als mobil einschätzen. Sie fürchten nichts so sehr wie einen "goldenen Käfig", in dem sie dann mit einer reizlosen Tätigkeit gefangen sind.

Beförderungen. Diese Gruppe bevorzugt ganz eindeutig eine fachliche Karriereleiter die analog zur typischen Manager-Karriereleiter aufgebaut sein sollte. Innerhalb dieser Gruppe werden Beförderungen abgelehnt, die überwiegend eine Verwaltungs- oder Managementtätigkeit mit sich bringen. Obwohl diese Erkenntnis in vielen forschungsorientierten und hochspezialisierten Organisationen bereits umgesetzt wurde, gilt sie ebenfalls uneingeschränkt für eine Vielzahl anderer, funktional orientierter spezieller Fachgebiete und Stabsabteilungen innerhalb eines Unternehmens oder einer Organisation(z.B. Finanzwesen, Marketing, Fertigung und Vertrieb). Bis heute haben leider nur wenige Organisationen Fachkarrieren entwickelt, die entsprechend auf die Bedürfnisse eines in der technischen/funktionalen Kompetenz verankerten Mitarbeiters zugeschnitten sind.

Kapitel 4

Eine Beförderung für einen technisch/funktional orientierten Mitarbeiter muß nicht unbedingt in Form eines höheren Ranges erfolgen. Bei Bezahlung eines marktüblichen Gehalts würde der Betreffende auf die Erweiterung seines persönlichen Aufgabenbereichs, die Zurverfügungstellung von mehr Ressourcen oder die Ausdehnung seiner fachlichen Verantwortung positiv reagieren. Auch die Zuordnung eines größeren Budgets, eine verstärkte technische Unterstützung, eine größere Zahl Untergebener oder die verstärkte Einbeziehung in Entscheidungen auf höherer Ebene als Folge der Berufung in entscheidungstragende Gremien oder Projektteams werden als Belohnung und Anreiz empfunden.

Art der Anerkennung. Für den Experten zählt die Anerkennung der Kollegen mehr als eine Belohnung seitens der als fachlich inkompetent empfundenen Geschäftsleitung. Mit anderen Worten: wenn ihm ein Vorgesetzter auf die Schulter klopft, der eigentlich nicht versteht, was wirklich geleistet wurde, dann ist das deutlich weniger wert als die Anerkennung eines Kollegen oder sogar Untergebenen, der den gesamten Umfang der erbrachten Leistung fachlich beurteilen kann und weiß, wie schwierig sie zu erbringen war.

Die Möglichkeit zur Weiterbildung und Weiterentwicklung auf dem eigenen Fachgebiet ist die beliebteste und am höchsten eingestufte Form der Anerkennung. Das heißt, daß die Teilnahme an Schulungen, die Freistellung durch das Unternehmen zur Weiterbildung, die Förderung der Teilnahme an Seminaren, das Zurverfügungstellen von Budgets zum Erwerb von Fachliteratur etc. sehr hoch eingeschätzt wird. Dies gilt um so stärker, da es für technisch/funktional orientierte Mitarbeiter keine größere Bedrohung gibt, als mit zunehmendem Alter überflüssig zu werden.

Für diese Gruppe zählt neben kontinuierlicher beruflicher Fortbildung ebenso eine formelle Anerkennung, bei der sie gegenüber ihren Kollegen und anderen Mitarbeitern des Unternehmens als "die" Koryphäe herausgestellt werden. Preise, Auszeichnungen, Publizität und andere Formen der öffentlichen Anerkennung sind für sie wichtiger als etwas mehr Geld auf der Gehaltsabrechnung - immer vorausgesetzt, daß das Grundeinkommen als angemessen eingestuft wird.

Der im technischen/funktionalen Bereich Verankerte ist durch schlechte Führung ausgesprochen verwundbar. Karrierewege innerhalb einer Organisation werden im Normalfall von Führungskräften konzipiert, denen breit angelegte Kompetenzen mehr gelten als Spezialistentum, denen ein organisationsinternes ausgewogenes Gehaltsgefüge wichtig ist, die an Loyalität zum Unternehmen interessiert sind und die gelernt haben, mit den unterschiedlichsten Menschen zurechtzukommen. Für den technisch/funktional orientierten Mitarbeiter können jedoch all diese Faktoren weitgehend ohne Bedeutung sein. Soll also ein Spezialist innerhalb einer Organisation etwas gelten, so ist es sicherlich erforderlich, ihm eine berufliche Entwicklungsmöglichkeit zu bieten, die auf *seine* speziellen Bedürfnisse zugeschnitten ist.

Befähigung zum General Management

Im Verlauf ihres beruflichen Werdegangs entdecken manche Menschen - aber nur manche -, daß sie gerne im General Management tätig wären, daß sie Interesse am Führen und Gestalten als solchem haben und daß sie die Eigenschaften besitzen, die sie zu einer solchen Tätigkeit befähigen. Sie entwickeln den Ehrgeiz, in die Ebenen der Organisationshierarchie vorzustoßen, in denen sie die Verantwortung für wichtige Entscheidungen tragen und wo Erfolg und Mißerfolg der Organisation von ihrem persönlichen Einsatz abhängt.

Angehörige dieser Gruppe unterscheiden sich von technisch/funktional orientierten Berufstätigen dadurch, daß für sie jede Spezialisierung zugleich eine Einengung darstellt. Für sie ist es wichtig, verschiedene Bereiche der Organisation genau zu kennen. Sie akzeptieren, daß man in seiner Branche oder seinem Industriezweig Experte sein muß, will man als Geschäftsführer bestehen. Die Schlüsselwerte und -beweggründe für diese Gruppe sind Vorankommen auf der Karriereleiter, der Aufstieg in höhere Ebenen der Verantwortlichkeit, Möglichkeiten zur Übernahme von Führungsaufgaben, Beiträge zum Erfolg des Unternehmens und ein hohes Einkommen.

Beim Eintritt in ein Unternehmen haben die meisten Mitarbeiter nur vage Vorstellungen davon, irgendwie "vorankommen" zu wollen. Oft hört man, daß sie an die Spitze kommen möchten, aber nur die wenigsten haben eine realistische Einschätzung darüber, was an besonderen Fähigkeiten, Motiven und Werten vorhanden sein muß, um "ganz nach oben" zu kommen. Mit wachsenden Erfahrungen wird es jedoch deutlicher, daß - vor allem für diejenigen, die sich einer Tätigkeit im General Management verschrieben haben - eine starke Motivation alleine nicht ausreicht, sondern eine *Mischung* aus Talenten und Fähigkeiten in den folgenden drei Bereichen die Grundvoraussetzung ist.

* *Analytische Kompetenz:* Es geht darum, Probleme zu erkennen, sie zunächst zu analysieren, um ihre Einzelaspekte sodann zusammenzufügen und sie zu lösen, und zwar ohne vollständige Information, also unter Unsicherheit. Obere Führungskräfte betonen immer wieder die Bedeutung der Fähigkeit, entschlüsseln zu können, was tatsächlich Sache ist, sich durch

einen Wust möglicherweise unwichtiger Einzelheiten durchzubeißen, um zum Kern eines Problems zu gelangen, die Verläßlichkeit und Gültigkeit von Informationen auch ohne Überprüfung zu bewerten, und - letztendlich - das Problem so anzugehen bzw. die anstehende Frage so zu stellen, daß man auch an der Lösung arbeiten kann. Finanzielle, Marketing-, technische, menschliche und andere Aspekte müssen in Problemlösungen eingebunden werden, die für den künftigen Erfolg eines Unternehmens entscheidend sein können.

Generell wird behauptet, daß Manager Entscheider seien. Richtiger wäre es jedoch, zu sagen, daß sie die Fähigkeit haben, Probleme zu erkennen und so zu beschreiben, daß Entscheidungen getroffen werden können. Führungskräfte "managen" den Entscheidungsfindungsprozess. Um dies zu können, müssen sie differenzierend und gleichzeitig vereinheitlichend denken können. Das wiederum setzt noch andere Fähigkeiten voraus.

*   *Soziale Kompetenz zur Gestaltung zwischenmenschlicher und von Gruppenbeziehungen:* Die Fähigkeit, auf allen Ebenen des Unternehmens Mitarbeiter so zu beinflussen, zu beaufsichtigen, zu führen, mit ihnen umzugehen und sie so zu leiten, daß die Unternehmensziele erreicht werden. Führungskräfte betonen, daß zu dieser Fähigkeit noch einiges mehr gehört, nämlich: Anderen brauchbare Informationen zu entlocken, Mitarbeiter zur Zusammenarbeit zu bewegen, um gemeinsame Resultate zu erzielen, Mitarbeiter dazu zu motivieren, daß sie mit ihren Kenntnissen zur Problemlösung beitragen, die zu erreichenden Ziele klar und unmißverständlich zu übermitteln, die Entscheidungsfindung und deren Umsetzung zu erleichtern, den Fortgang der Aktivitäten zu überwachen und gegebenenfalls korrigierende Maßnahmen zu ergreifen.
    Ein Großteil der zur Entscheidungsfindung notwendigen technischen Informationen befindet sich in der Hand von Untergebenen und Kollegen, deren Karriereanker in der technischen/funktionalen Kompetenz zu finden sind. Aus diesem Grund hängt die Qualität einer Entscheidung in hohem Maße von der Fähigkeit des Managers ab, die richtigen Mitarbeiter zur Problemlösung zusammenzubringen und dann ein Arbeitsklima zu schaffen, das einen uneingeschränkten Informationsaustausch fördert und das volle Engagement der Beteiligten hervorbringt. In zunehmendem Maße werden Entscheidungen im Team getroffen, da die komplexe Struktur von Problemen den Austausch von Informationen erforderlich macht, ohne den eine Lösung von Problemen nicht möglich wäre. Für Geschäftsführer ist die Fähigkeit zum Umgang mit Gruppen ergo ein wichtiges Hilfsmittel.

Nachwuchskräfte stellen sich oftmals die Frage, ob sie wohl Talent zur Mitarbeiterführung haben und - was genau so wichtig ist - ob ihnen diese Aufgabe auch zusagen wird. Die meisten frischgebackenen Manager kennen ihre eigenen Fähigkeiten im Umgang mit Mitarbeitern nicht und wissen auch nicht, was zur Führungsarbeit erforderlich ist - sofern sie nicht schon während ihrer Schul- oder Ausbildungszeit Führungsaufgaben übernommen haben. Aus eben diesem Grund ist bei der Einstellung von Führungskräften die Frage nach außerschulischen Aktivitäten für die Personalchefs bei der Beurteilung eines Bewerbers von solch großer Bedeutung. Jeder Nachweis über Aktivitäten in diesem Bereich ist sowohl für den Betreffenden als auch für die arbeitgebende Organisation von immensem Wert. Hat ein Manager-Neuling erst einmal Gelegenheit, sich bzw. seine Fähigkeiten in der Praxis zu testen und stellt er dabei fest, daß der Umgang mit Mitarbeitern ihm gelingt und ihm zusagt, dann wachsen Selbstvertrauen und Ehrgeiz.

Menschen, die feststellen müssen, daß sie entweder kein Talent zur Mitarbeiterführung haben oder daß ihnen diese Aufgabe nicht gefällt, wenden ihr berufliches Engagement anderen Aktivitäten zu und bauen ihren Karriereanker auf ihre technische/funktionale Kompetenz bzw. auf Unabhängigkeit auf oder entwickeln sogar selbst unternehmerische Ambitionen. Wer entdeckt, daß ihm Führungsarbeit nicht liegt, benötigt eine Möglichkeit, die Führungsfunktion ohne Gesichtsverlust und ohne Nachteile auch wieder abgeben zu können. Es ist nicht selten, daß ein erstklassiger Ingenieur oder Verkäufer in eine Führungsaufgabe befördert wird, lediglich um in dieser Position zu versagen und dann darin - zu Lasten seiner eigenen beruflichen Entwicklung und seines Arbeitgebers - gefangen zu sein.

* *Emotionale Kompetenz:* Die Eigenschaft, sich durch emotionale und zwischenmenschliche Fragen und Krisen anregen zu lassen und nicht von ihnen ausgelaugt und entkräftet zu werden, die Fähigkeit, große Verantwortung tragen zu können ohne von dieser Verantwortung gelähmt zu werden und die Fähigkeit, Macht ausüben und schwierige Entscheidungen treffen zu können, ohne ein Gefühl der Schuld oder Scham zu haben. Alle befragten Führungskräfte berichteten von einem schmerzhaften Prozeß, den sie durchmachen mußten, um zu lernen, wie schwierige Entscheidungen zu treffen sind. Fast alle gaben an, daß sie nicht geahnt hatten, wie dieser Prozeß ablaufen würde oder wie sie reagieren würden. Erst mit wachsender Sicherheit im Hinblick auf ihre Fähigkeiten, eigene Gefühle in den Griff zu bekommen, wuchs auch das Vertrauen, daß sie als Manager bestehen

würden. Es wurden hierzu Beispiele angeführt: das Entlassen eines hochgeschätzten älteren Mitarbeiters; die Wahl zwischen zwei verschiedenen Vorgehensweisen, die jeweils von einem tüchtigen Mitarbeiter befürwortet wurden; den Einsatz größerer Summen für ein bestimmtes Projekt - mit dem Bewußtsein, daß das Schicksal vieler Mitarbeiter von dessen Erfolg oder Mißerfolg abhängt; die Anweisung an einen Untergebenen zur Durchführung einer schwierigen Aufgabe, die dieser nur ungern übernimmt; das Sanieren eines demoralisierten Unternehmens; das Verteidigen eines Projektes im Top-Management; das Delegieren von Aufgaben an Untergebene ohne Bevormundung und im Vertrauen darauf, daß sie alleine mit der Aufgabe klarkommen; das Einstehen für eine Entscheidung, für die man zwar verantwortlich ist, auf deren Durchführung man jedoch selbst keinen Einfluß hat.

Die meisten Führungskräfte gaben des weiteren an, daß ihnen solche Entscheidungen immer wieder abverlangt würden und daß einer der wohl wichtigsten Gesichtspunkte einer Führungsaufgabe sei, tagtäglich seine Arbeit zu tun, ohne aufzugeben und ein Magengeschwür oder einen Nervenzusammenbruch zu bekommen. Es liegt in der Natur einer Funktion im General Management, die emotionalen Belastungen durch Ungewißheit, zwischenmenschliche Konflikte und Verantwortung verkraften zu müssen. Dieser Aspekt einer Führungstätigkeit ist es, der die im technischen/funktionalen Bereich verankerten Mitarbeiter abschreckt und diejenigen anzieht und motiviert, die ihren Karriereanker im General Management haben.

Manager unterscheiden sich von in anderen Orientierungen verankerten Menschen in erster Linie dadurch, daß sie über analytische Fähigkeiten, über Fähigkeiten im Umgang mit Mitarbeitern und Gruppen und über emotionale Stärken verfügen. Jede der einzelnen Fähigkeiten ist erforderlich, keine ist jedoch für sich notwendigerweise auf sehr hohem Niveau ausgeprägt. Eine *Kombination* aus einzelnen Fähigkeiten und Fertigkeiten ist die Grundvoraussetzung für eine Tätigkeit im General Management. Im Gegensatz dazu ist es beim technisch/funktional orientierten Mitarbeiter die Ausbildung einer *speziellen* Fähigkeit oder Fertigkeit. Manager unterscheiden sich in dieser Hinsicht deutlich von den Leitern der Funktionsbereiche. Der Lernprozeß im General Management dauert auch deutlich länger, da sich diese speziellen Fähigkeiten und Fertigkeiten nur durch tatsächlich gemachte Erfahrungen erlernen lassen.

Art der Arbeit. Mitarbeiter, die im Management verankert sind, streben in erster Linie nach viel Verantwortung: herausfordernde, verschiedenartig gelagerte und umfassende Aufgaben, Chancen, sich als Führungskraft zu qualifizieren und Gelegenheit, zum Erfolg des Unternehmens beizutragen. Die Attraktivität einer übertragenen Aufgabe messen sie an deren Bedeutung für den Erfolg des Unternehmens. Sie identifizieren sich sehr stark mit ihrem Unternehmen und dessen Erfolg bzw. Mißerfolg, der ihnen dann als Maßstab für ihre eigene Bewertung dient. Man kann sie als "Unternehmensmenschen" bezeichnen, deren eigene Identität davon abhängt, daß sie ein leistungsfähiges Unternehmen managen können.

Entlohnung und Leistungen. Im Management verankerte Mitarbeiter messen sich selbst an der Höhe ihres Einkommens und erwarten eine hohe Bezahlung. Im Gegensatz zu den in der technischen/funktionalen Kompetenz verankerten Mitarbeitern geht es ihnen eher um eine *interne* als um eine externe Gleichstellung. Sie wollen ein deutlich höheres Gehalt als die unter ihnen stehende Stufe. Sie geben sich bei Erfüllung dieses Wunsches leicht zufrieden, auch wenn ihnen Gleichgestellte in anderen Unternehmen deutlich mehr verdienen. Sie sind auch für eine kurzfristige Belohnung (wie zum Beispiel eine Prämie) für das Erreichen bestimmter Unternehmensziele zu haben. Sie sind auch, da sie sich sehr stark mit ihrem Arbeitgeber identifizieren, in der Regel äußerst empfänglich für eine Beteiligung am Unternehmen, da sie dadurch das Gefühl erhalten, Miteigentümer und mit dem Schicksal des Unternehmens verbunden zu sein.

Im General Management verankerte Mitarbeiter teilen mit den nach Sicherheit Suchenden die Bereitschaft (wenn nicht sogar den Wunsch), sich in einen "goldenen Käfig" sperren zu lassen, vor allem im Hinblick auf eine eventuelle zusätzliche Betriebsrente. Ein Großteil der beruflichen Karriere eines im Management Verankerten ist fest mit einem bestimmten Unternehmen verknüpft. Aus diesem Grund lassen sich seine Fähigkeiten und Fertigkeiten zu einem späteren Zeitpunkt auch nicht uneingeschränkt auf einen neuen Arbeitgeber übertragen. Eine steigende Zahl von Managern wechselt jedoch von einem Unternehmen zum nächsten und nimmt entweder das vom vorherigen Arbeitgeber zugesicherte vertragliche Leistungspaket mit oder vereinbart mit dem neuen Arbeitgeber ein gleichwertiges Paket. Da ja fundierte Kenntnisse einer speziellen Branche und Firma für die Entscheidungsfindung unabdingbar sind, ist es noch nicht ganz klar, ob eine derartige Mobilität auch wirklich zum Erfolg führt. Es ist durchaus möglich, daß sich im General Management neue Anforderungen abzeichnen, wie z.B. die nach einem "Sanierungsmanager", der die Geschicke eines sich auf dem absteigenden Ast befindlichen Unternehmens in die Hand nehmen kann. Oder die Aufgabe eines "Anlaufmanagers", dessen Spezialität darin besteht, neue Unternehmen zu eröffnen oder neue Produkte zu entwickeln und neue Märkte zu erschließen.

Beförderungen. Im "General Management" verankerte Mitarbeiter bestehen meist auf Beförderungen, die aufgrund von Verdiensten, von meßbarer Leistung und Ergebnissen erfolgen. Obwohl sie anerkennen, daß die Persönlichkeit, der Stil, die Betriebszugehörigkeit, die Firmenpolitik und andere Faktoren Beförderungen mitbestimmen können, sind sie doch der Überzeugung, daß die Fähigkeit, *Ergebnisse* zu erzielen, als wichtigstes Kriterium gelten sollte. Sämtliche anderen Faktoren sind lediglich deswegen akzeptabel, weil sie Voraussetzung dafür sind, daß auch tatsächlich Ergebnisse erzielt werden.

Art der Anerkennung. Die wichtigste Form der Anerkennung für Mitarbeiter, die im Management verankert sind, stellt eine Beförderung in eine Stellung mit größerer Verantwortung dar. Derartige Positionen werden anhand der Kombination aus Dienststellung, Titel, Gehalt, Zahl der Untergebenen und Größe des zur Verfügung stehenden Budgets gemessen. Es kommen noch zusätzliche, weniger greifbare Faktoren hinzu, die von ihren Vorgesetzten definiert werden (wie z.B. die Bedeutung eines übertragenen Projekts oder der übertragenen Abteilung für die Zukunft des Unternehmens). Sie erwarten häufige Beförderungen. Bleiben sie zu lange in einer Position, so vermuten sie, daß sie ihrer Aufgabe nicht gewachsen sind und nur unzureichende Leistungen erbringen. In jedem Unternehmen gibt es so etwas wie einen internen ungeschriebenen "Terminplan" für Beförderungen. Die Mitarbeiter, die im Management verankert sind, messen ihren persönlichen Erfolg daran, ob sie auch in Übereinstimmung mit diesem Terminplan befördert werden. Für sie ist also eine Veränderung eine wichtige Form der Anerkennung, es sei denn, es handelt sich eindeutig um eine horizontale oder abwärts gerichtete.

In manchen Unternehmen entwickeln sich bestimmte Karrierewege, ohne daß sie irgendwo festgelegt wurden. Der ehrgeizige Manager kennt sie natürlich. Ein solcher Weg wäre z.B. vom Verkauf über das Marketing hin zu einer Stabsaufgabe in einer Überseefiliale, weiter in die Konzernzentrale, um dann letzendlich einen Unternehmensbereich zu übernehmen. Halten sich dann die Beförderungen nicht an das vorgegebene Schema, d.h. wird vom direkten Karriereweg abgewichen, so sorgt sich der Betroffene, ob er den "schnellen Aufstieg" auf seinem Weg verlassen hat und ob seine Karriere ins Stocken geraten ist. Deswegen ist die Übertragung der richtigen Aufgabe eine weitere wichtige Form, Anerkennung auszudrücken.

Diese Gruppe Mitarbeiter ist äußerst empfänglich für finanzielle Anerkennung in Form von Gehaltserhöhungen, Prämien und Beteiligungen. Titel, Statussymbole (wie z.B. große Büros, Firmenfahrzeuge oder spezielle Vergünstigungen) und - was am wichtigsten ist - die Wertschätzung ihrer Vorgesetzten bereitet ihnen persönliches Vergnügen. Im Gegensatz zu den in der technischen/funktionalen Kompetenz Verankerten (bei denen in erster Linie die Wertschätzung derjenigen zählt, die ihre Arbeit auch wirklich beurteilen können), zählt bei den im Management Verankerten hauptsächlich die Wertschätzung der Vorgesetzten, und zwar der Vorgesetzten, die den wichtigsten Anreiz kontrollieren: Die Beförderung in die nächst höhere Hierarchieebene.

Zusammengefaßt kann gesagt werden, daß der im General Management verankerte Mitarbeiter, der eine Tätigkeit als Führungskraft anstrebt, eine völlig andere berufliche Ausrichtung und Zielsetzung hat als seine Kollegen innerhalb des Unternehmens, obwohl die Ausgangsbasis unter Umständen dieselbe ist. In den Interviews wurde deutlich, daß sich eine derartige Management-Orientierung abzeichnet, sobald der Betreffende genug Erfahrungen gesammelt hat, um herauszufinden, ob er über die entsprechenden analytischen, emotionalen und sozialen Fähigkeiten verfügt, die für eine Tätigkeit im General Management unabdingbar sind. Manche Mitarbeiter finden das sehr schnell heraus. Reagiert dann das Unternehmen nicht auf ihr Bedürfnis, die Karriereleiter schnell empor zu klettern, so suchen sich die Betreffenden eine Tätigkeit in einem anderen Unternehmen, die es ihnen ermöglicht, die gewünschte Ebene der Verantwortlichkeit möglichst schnell zu erklimmen.

Selbständigkeit/Unabhängigkeit

Es gibt Mitarbeiter, die schon zu einem sehr frühen Zeitpunkt im Verlauf ihres Berufslebens feststellen müssen, daß es ihnen ungemein schwer fällt, in ein von anderen vorgegebenes Korsett aus Vorschriften, Verfahrensweisen, Arbeitszeiten, Bekleidungsregeln und anderen Normen gezwängt zu werden, die in jeder Art Organisation unabdingbar sind. Ungeachtet ihrer Aufgabe ist das Bedürfnis dieser Menschen vorherrschend, ihre Arbeit auf die ihnen eigene Art mit dem ihnen eigenen Rhythmus zu erledigen und ihre eigenen Normen als Bewertungsmaßstab anzulegen. Sie empfinden eine Tätigkeit innerhalb eines Unternehmens als Einschränkung ihrer persönlichen Freiheit, als unvernünftig und als Eindringen in ihr Privatleben. Aus eben diesen Gründen bevorzugen sie einen Beruf, der sie unabhängig macht und es ihnen ermöglicht, ihre eigenen Regeln aufzustellen. Vor die Wahl gestellt, zwischen einer gegenwärtig ausgeübten Tätigkeit mit einem hohen Maß an Selbständigkeit und einer höherdotierten Aufgabe, bei der er auf diese Freiheit verzichten müßte, wird der in der Unabhängigkeit/Selbständigkeit Verankerte immer seiner jetzigen freien Tätigkeit den Vorzug geben.

Jeder Mensch hat ein gewisses Bedürfnis nach Selbständigkeit, das Ausmaß dieses Bedürfnisses wandelt sich jedoch im Laufe des Lebens. Bei manchen Menschen ist dieses Bedürfnis extrem stark ausgeprägt, sie glauben, daß sie immer und überall das Ruder selbst in der Hand haben müssen. In manchen Fällen beruht das Streben nach uneingeschränkter Selbständigkeit auf einer höher qualifizierten Ausbildung und einer professionellen Haltung. Ist dies der Fall, so hat der Betreffende meist im Verlauf seiner Ausbildung gelernt, völlig auf sich allein gestellt zu sein und absolut eigenverantwortlich zu handeln. Es kann auch sein, daß derartige Bedürfnisse während der Kindheit durch Erziehungsmethoden geprägt wurden, bei denen großer Wert auf Selbstvertrauen und ein objektives Urteilsvermögen gelegt wurde.

Berufstätige, die ihren beruflichen Werdegang an solchen Bedürfnissen orientieren, neigen sehr stark zu "freien" Tätigkeiten. Liegen ihre Interessen in der Wirtschaft oder im Management, so entschließen sie sich unter Umständen zu einer beratenden oder Lehrtätigkeit. Es kann auch sein, daß sie in Bereichen landen, in denen eine gewisse Selbständigkeit auch innerhalb eines großen Unternehmens möglich ist - z.B. in der Forschung und Entwicklung, im Außendienst, in der Datenverarbeitung, der Marktforschung, der Finanzanalyse oder in der Leitung eines ausgelagerten Teils der Organisation.

 *Art der Arbeit.* Der in der Selbständigkeit/Unabhängigkeit verankerte Mitarbeiter bevorzugt klar umrissene und zeitlich begrenzte Aufgaben in seinem Fachgebiet. Ein Vertrag auf Projektbasis z.B. ist für ihn durchaus akzeptabel und oftmals sogar wünschenswert, gleichgültig ob es sich dabei um eine Teilzeit-, eine Vollzeit- oder eine befristete Tätigkeit handelt. Mitarbeiter dieser Kategorie wollen darüberhinaus genau definierte Zielvorgaben erhalten, die Art und Weise der Zielerreichung muß aber völlig ihnen selbst überlassen werden. In der Selbständigkeit/Unabhängigkeit verankerte Mitarbeiter vertragen keine Vorgesetzten, die ihnen zu genau auf die Finger schauen. Der Betreffende erkennt zwar gewisse, vom Unternehmen vorgegebene Zielsetzungen an, will aber bei der Ausführung völlig freie Hand haben.

Entlohnung und Leistungen. In der Selbständigkeit/Unabhängigkeit Verankerte haben einen wahren Horror vor dem "goldenen Käfig". Direkte Belohnung für erbrachte Leistungen ist ihnen lieber, sofortige Auszahlungen, Prämien und andere Formen der Vergütung ohne daran geknüpfte Bedingungen. In der Selbständigkeit/Unabhängigkeit verankerte Mitarbeiter bevorzugen Zusatzleistungen des Unternehmens, die sie bei einem Wechsel des Arbeitsplatzes mitnehmen können und bei denen sie die Möglichkeit haben, die zu ihrer derzeitigen persönlichen Lage passenden Alternativen selbst auszuwählen (Cafeteria-System).

Beförderungen. Diese Gruppe von Menschen reagiert am positivsten auf Beförderungen aufgrund erbrachter Leistungen. Es wird eine neue Tätigkeit angestrebt, die noch mehr Freiheit mit sich bringt als die vorherige. Mit anderen Worten: Beförderung steht für gesteigerte Selbständigkeit. Eine höhere Dienststellung und gesteigerte Verantwortung kann dieser Kategorie Mitarbeiter unter Umständen als eine Bedrohung erscheinen, geht damit ein Verlust an Selbständigkeit einher. Ein völlig auf sich gestellter Außendienstmitarbeiter weiß, daß eine Beförderung zum Verkaufsleiter unter Umständen eine Einschränkung der persönlichen Freiheit mit sich bringen kann und wird deshalb derartige Beförderungen meist ablehnen.

Art der Anerkennung. In der Selbständigkeit/Unabhängigkeit verankerte Mitarbeiter reagieren äußerst positiv auf sämtliche Formen der Anerkennung, die sie bei einem Wechsel des Arbeitsplatzes mitnehmen können: Auszeichnungen, Urkunden, Empfehlungsschreiben, Preise, Belohnungen und ähnliches, ja sogar Titel oder Prämien bedeuten ihnen mehr als eine Beförderung.

Die Belohnugssysteme der meisten Unternehmen sind nicht auf Mitarbeiter zugeschnitten, die in der Selbständigkeit/Unabhängigkeit verankert sind. Aus diesem Grund kehren Menschen dieser Orientierung oftmals ihrem Unternehmen völlig verbittert den Rücken und beklagen sich über dessen Bürokratismus. Sind ihre Fähigkeiten entbehrlich, so ist kein Schaden angerichtet. Wenn aber wichtige Mitarbeiter Unabhängigkeit als ihren Karriereanker sehen, wird es notwendig, die Personalpolitik so zu gestalten, daß sich auch solche Leute in der Organisation wohlfühlen. Anpassungen dieser Art sind deshalb schwierig, weil dann z.B. Projektverträge und Teilzeitarbeit für Positionen ermöglicht werden muß, für die das nicht üblich ist. "Unabhängige" brauchen allerdings solche Regelungen.

Kapitel 4

Sicherheit/Beständigkeit

Es gibt eine Kategorie Berufstätiger, die das übermächtige Bedürfnis verspüren, ihren beruflichen Werdegang so zu organisieren, daß sie sich abgesichert und frei von Sorgen fühlen können, daß ihre berufliche Zukunft vorhersehbar ist und daß sie sich in dem Bewußtsein entspannen können, es geschafft zu haben. Jeder braucht bis zu einem bestimmten Grad das Bewußtsein der Sicherheit und Beständigkeit. In bestimmten Lebensabschnitten kann die finanzielle Absicherung sogar zum wichtigsten Faktor werden, z.B. bei der Gründung einer Familie, während der Ausbildung der Kinder oder kurz vor der Pensionierung. Für eine bestimmte Gruppe sind jedoch Sicherheit und Beständigkeit die Hauptmotive für die berufliche Entwicklung bis hin zu dem Punkt, an dem Karriereentscheidungen von diesen Motiven nicht nur beeinflußt sondern sogar eingeschränkt werden.

Derartige Mitarbeiter streben oft nach Anstellungen in Unternehmen, die ihnen eine dauerhafte Beschäftigung garantieren können, die den Ruf haben, kaum Entlassungen vorzunehmen, die gute Betriebsrenten und Zusatzleistungen anbieten und die Solidität und Verläßlichkeit ausstrahlen. Aus diesem Grund sind Tätigkeiten als Beamte und im öffentlichen Dienst für Berufstätige dieser Kategorie äußerst interessant. Sie beziehen ein Großteil ihrer beruflichen Befriedigung daraus, daß sie sich mit der Organisation bzw. dem Unternehmen identifizieren, für die bzw. das sie tätig sind, auch wenn sie keine hochgestellten oder wichtigen Positionen innehaben.

Für Berufstätige, die in der Sicherheit/Beständigkeit verankert sind, ist der "goldene Käfig" äußerst willkommen. Meist sind sie gerne bereit, die Verantwortung für ihre berufliche Entwicklung ihrem Arbeitgeber zu überlassen. Als Gegenleistung für einen sicheren Arbeitsplatz lassen sie sich bereitwillig sagen, was sie jeweils zu tun haben, was sie nicht dürfen, wieviel sie zu reisen haben, wo sie leben, wie oft sie den Tätigkeitsbereich wechseln sollen, etc. Wegen dieser Einstellung sagt man ihnen manchmal mangelnden Ehrgeiz nach und betrachtet sie in solchen Kulturen mit Geringschätzigkeit, in denen Ehrgeiz und Leistung hoch bewertet werden. Bei dieser Aussage kann es sich durchaus um ein unfaires Pauschalurteil handeln, da es auch Gegenbeispiele dafür gibt. Zugehörige zu dieser Kategorie sind schon von bescheidenen Anfängen in relativ hochgestellte Führungspositionen gelangt. Haben sie einmal die mittlere Managementebene eines großen Unternehmens erreicht, so glauben sie meist aufrichtig daran, es "geschafft" zu haben, besonders auf dem Hintergrund ihrer sozialen und wirtschaftlichen Ausgangsposition.

Die Karriereanker

Die Hochtalentierten dieser Gruppe können auch in hohe Positionen innerhalb eines Unternehmens gelangen, bevorzugen aber Tätigkeiten, die eine kontinuierliche und vorhersehbare Leistung fordern. Die anderen richten sich auf den mittleren Führungsetagen ein oder übernehmen solide Stabsaufgaben und ihr berufliches Engagement nimmt im Laufe der Zeit langsam ab. Haben sie einmal das gewünschte Maß an Sicherheit, so sind sie meist mit der erreichten Hierarchieebene zufrieden. Besitzen sie ungenutzte Fähigkeiten, so sind sie froh über Aufgaben im Privatbereich, die den Einsatz dieser Talente ermöglichen.

Art der Arbeit. Mitarbeiter, die in der Sicherheit/Beständigkeit verankert sind, bevorzugen beständige und vorhersehbare Tätigkeiten. Die Arbeitsumgebung, *wie* etwas getan wird, die Arbeitsbedingungen sind ihnen wichtiger als der Inhalt der Arbeit. Job Enrichment, Herausforderungen und andere wesentlichen Motivationsinstrumente, die den Arbeitsinhalt betreffen, haben für sie eine weit geringere Bedeutung als eine Gehaltserhöhung, bessere Arbeitsbedingungen und Zusatzleistungen des Unternehmens. Ein Großteil der Aufgaben innerhalb eines Unternehmens sind derartiger Natur. Jedes Unternehmen ist in hohem Maße davon abhängig, unter seinen Beschäftigten eine große Zahl Mitarbeiter zu haben, die in der Sicherheit/Beständigkeit und in der technischen/funktionalen Kompetenz verankert sind.

Entlohnung und Leistungen. Der in der Sicherheit/Beständigkeit Verankerte bevorzugt ein Gehalt, dessen Höhe sich nach der Dauer seiner Betriebszugehörigkeit richtet und dessen (regelmäßige) Steigerung vorhersehbar ist. Ein Mitarbeiter dieser Kategorie legt Wert auf Sozialleistungen seitens des Unternehmens (wie z.B. eine Zusatzversicherung oder Betriebsrente).

Beförderung. Für Mitarbeiter, die zu dieser Kategorie gehören, ist ein auf die Dauer der Betriebszugehörigkeit basierendes Beförderungssystem wünschenswert. Sie legen Wert auf ein System, das genauen Aufschluß über die Dienststellung, den Titel und die bis zur nächsten Beförderung erforderliche Dienstzeit gibt. Offensichtlich sind für derartige Mitarbeiter dienstzeitabhängige Gehaltssysteme erstrebenswert, wie sie z.B. im öffentlichen Dienst und in manchen Großorganisationen existieren.

Art der Anerkennung. Der in der Sicherheit/Beständigkeit Verankerte möchte für seine Loyalität und kontinuierliche Leistung geschätzt und anerkannt werden, vorzugsweise kombiniert mit der Zusicherung weitergehender Beständigkeit seiner Tätigkeit und dauerhaften Beschäftigung. Für ihn ist in erster Linie wichtig, das Gefühl zu haben, durch seine Loyalität zum Arbeitgeber einen wichtigen Beitrag für die Leistungsfähigkeit des Unternehmens zu liefern. Die meisten Personalsysteme sind für diese Art Arbeitnehmer gut gerüstet, Beschäftigungsgarantien sind jedoch selten.

Unternehmerische Kreativität

Es gibt eine bestimmte Gruppe Berufstätiger, die schon relativ früh im Verlauf ihres Lebens erkennen, daß bei ihnen ein sehr starker Drang vorherrscht, etwas Eigenes auf die Beine zu stellen. Dies kann die Gründung einer eigenen Firma sein, verbunden mit der Entwicklung neuer Produkte oder Dienstleistungen, die Schaffung eines Unternehmens durch finanzielle Transaktionen oder die Übernahme eines bestehenden Betriebs und dessen anschließende Umstrukturierung entsprechend der eigenen Vorstellungen. Es handelt sich bei dieser Gruppe nicht unbedingt um Erfinder oder Künstler, obwohl diese in einigen Fällen durchaus auch zum Unternehmer werden können. Man darf sie ebensowenig mit kreativ Forschenden, Marktforschern oder Werbefachleuten verwechseln. Der kreative Drang dieser Leute konzentriert sich auf die Schaffung neuer Organisationen, Produkte und Dienstleistungen, die mit Leistung und Namen des Unternehmers verbunden werden, auf dem Markt überleben und wirtschaftlich erfolgreich sind. "Geld machen" ist deshalb ein Maßstab für Erfolg.

Es gibt viele Berufstätige, die vom Aufbau eines eigenen Betriebs, Geschäftes o.ä. träumen und diesen Wunsch auch zu verschiedenen Zeitpunkten im Verlauf ihrer beruflichen Karriere äußern. Manchmal drücken derartige Träume das Bedürfnis nach Selbständigkeit aus - es auf eigene Faust zu versuchen. Es ist jedoch häufig so, daß Personen, die im unternehmerisch kreativen Bereich verankert sind, ihre Träume meist schon früh und mit Nachdruck umsetzen. Häufig betreiben sie ihr kleines "Geschäft" schon während der Schulzeit und verdienen sich selbst ein geringes Zubrot. Diese Kategorie Mensch erkennt schon bald, daß es ihr weder am entsprechenden Talent noch an einer äußerst hohen Motivation fehlt, um ihren Mitmenschen zu beweisen, daß sie auf eigenen Beinen stehen können. Die Motivation läßt sich häufig zur Familie der Betreffenden zurückverfolgen, aus der unter Umständen schon früher erfolgreiche Unternehmer hervorgegangen sind. Die unternehmerisch Veranlagten bleiben im Normalfall nie sehr lange als Angestellte tätig. Oft behalten sie diese Tätigkeit lediglich als zweites Standbein bei und widmen ihre gesamte Energie dem Aufbau des eigenen Unternehmens.

Wichtig ist, diesen Karriereanker von dem der Selbständigkeit/Unabhängigkeit zu unterscheiden. Eine Vielzahl Berufstätiger hat den Drang zum eigenen Geschäft oder Betrieb, lediglich um unabhängig zu sein. Sie unterscheiden sich jedoch dadurch von den "Unternehmern", daß diese von der Besessenheit geleitet werden, den Beweis dafür zu erbringen, daß sie ein eigenes Geschäft aufbauen können. Dies bedeutet oftmals den Verzicht auf Unabhängigkeit und Selbständigkeit, vor allem während der Anfangsphase, bis das Geschäft/der Betrieb erfolgreich läuft und gute Gewinne abwirft. Andere unternehmerisch orientierte Berufstätige scheitern fortwährend in ihren Versuchen, einen Betrieb oder ein Unternehmen aufzubauen und verbringen den Großteil ihres Berufslebens damit, kreative Lösungen zu suchen und parallel dazu ihren Lebensunterhalt mit einer herkömmlichen Tätigkeit zu verdienen. Was einen Vertreter dieser Kategorie nun zum "Unternehmer" macht, ist der Drang, ein neues Unternehmen aufzubauen und die Bereitschaft, eine ausgeübte Tätigkeit aufzugeben, sobald sich ein geeignetes Spekulationsobjekt anbietet.

Art der Arbeit. Im unternehmerischen Bereich Verankerte sind vom Drang besessen, etwas schaffen zu müssen. Sie verlieren aber auch die Lust an einer Sache, die nicht "läuft" und langweilen sich schnell. Haben sie einmal ihr eigenes Unternehmen, so erfinden sie entweder unermüdlich neue Produkte oder Dienstleistungen oder verlieren - wenn keine weiteren neuen Projekte mehr möglich sind - das Interesse, veräußern ihr Unternehmen und starten ein neues. Sie sind eher ruhelos und brauchen immer wieder kreative Möglichkeiten, etwas aufzubauen.

Entlohnung und Leistungen. Für diese Kategorie Mensch ist Eigentum das vordringlichste Ziel. Es ist nicht ungewöhnlich, daß sie sich zwar selbst nur ein niedriges Gehalt bezahlen, aber die Kontrolle über das Eigenkapital des Unternehmens selbst ausüben. Wenn sie neue Produkte entwickeln, dann wollen sie auch selbst die Inhaber der Patente sein. Große Unternehmen, die derartige unternehmerisch orientierten Mitarbeiter zurückhalten wollen, mißverstehen oftmals die Stärke dieses Drangs nach "Eigenem". Solange er nicht die Leitung eines neuen Unternehmens hat, Inhaber der Firmenpatente ist und mindestens 51 Prozent des Kapitals kontrolliert, wird ein im unternehmerischen Bereich verankerter Mitarbeiter langfristig nicht in einem Unternehmen verbleiben. "Unternehmer" tendieren dazu, Wohlstand anzuhäufen. Nicht so sehr um ihrer selbst Willen, sondern, um ihren

Mitmenschen vorführen zu können, was sie alles erreicht haben. Vertragliche Zusatzleitungen wie Pensionsregelungen sind für sie vermutlich ohne Bedeutung.

Beförderung. Unternehmerisch orientierte Mitarbeiter wollen ein Beförderungssystem, das ihnen ermöglicht zu tun, was für sie gerade ungemein wichtig ist. Sie wollen die Möglichkeit und Freiheit haben, genau diejenigen Aufgaben zu übernehmen, die sie als Schlüsselaufgaben ansehen und die ihren persönlichen Bedürfnissen entgegenkommen. Es handelt sich hierbei meist um Aufgaben, die ihnen die Ausübung ihrer Kreativität ermöglichen, wie z.B. eine Tätigkeit als Leiter der Forschungs- und Entwicklungsabteilung oder als Vorsitzender der Geschäftsführung.

Art der Anerkennung. Sich ein eigenes Vermögen zu schaffen und der Aufbau eines ansehnlichen Unternehmens sind für die dieser Gruppe zugehörigen Berufstätigen die beiden wichtigsten Formen der Anerkennung. Dazu kommt noch, daß "Unternehmer" meist sich selbst gerne im Mittelpunkt sehen und auf der Suche nach Selbstdarstellung und öffentlicher Anerkennung sind. Diese Eigenschaft drückt sich oft darin aus, daß sie ihren eigenen Namen als Produktbezeichnung oder Firmennamen verwenden.

Dienst oder Hingabe für eine Idee oder Sache

Diese Menschen ergreifen Berufe, weil sie Werte von zentraler Bedeutung in ihrer Arbeit verwirklichen wollen. Sie sind stärker auf diese Werte fixiert, als auf die Entwicklung bestimmter Fähigkeiten oder auf eine Tätigkeit in einem bestimmten Funktionsbereich. Ihre Entscheidung für einen Beruf beruht auf dem Wunsch, die Welt auf irgendeine Art verbessern zu wollen. Menschen in helfenden Berufen, wie z.B. der Medizin, Psychotherapie, Krankenpflege, Pädagogik, Sozialarbeit, und solche im seelsorgerischen Bereich haben meist diesen speziellen Karriereanker. Dieser Karriereanker ist jedoch auch charakteristisch für manche Betriebsleiter oder Leiter der Funktionsbereiche von Unternehmen. Hierzu gehören z.B. der Personalfachmann im Dienste aktiver Fördermaßnahmen zugunsten von Minderheiten, der Fachanwalt für Arbeitsrecht, der sich gewerkschaftlich engagiert, der Wissenschaftler auf der Suche nach einem neuen Medikament oder der Manager, der seinen Beruf zugunsten einer Tätigkeit im öffentlichen Dienst aufgibt, um einen bestimmten Aspekt der Gesellschaft zu verbessern. Werte wie die Arbeit mit anderen Menschen, der Dienst an der Menschheit und eine Tätigkeit im Dienste der Nation können starke Ankerpunkte im Beruf eines Einzelnen sein.

Nicht jeder in einem dienstleistenden Beruf wird jedoch durch den Wunsch zum Helfen oder Dienen motiviert. Ärzte, Anwälte, Priester und Sozialarbeiter können auch ohne weiteres in der technischen/funktionalen Kompetenz, in der Sicherheit/Beständigkeit oder der Selbständigkeit/Unabhängigkeit verankert sein, ja sogar der Wunsch nach einer Tätigkeit im General Management ist in diesen Arbeitsfeldern durchaus möglich. Man kann ohne genaue Kenntnis des zutreffenden Karriereankers nicht bestimmen, was der Betreffende wirklich anstrebt.

Art der Arbeit. Mitarbeiter, die im Dienst oder in der Hingabe für eine Idee oder Sache verankert sind, suchen eine Tätigkeit, bei der sie auf ihren Arbeitgeber oder dessen Sozialpolitk so Einfluß nehmen können, daß ihre persönlichen Werte zum Tragen kommen. Ein gutes Beispiel für diese Einstellung wäre ein Landwirtschaftsprofessor, der seine feste Anstellung im Hochschuldienst aufgibt und eine Stelle als funktionaler Leiter der Umweltplanungsabteilung eines großen Bergbauunternehmens annimmt. Er will solange für dieses Unternehmen tätig sein, solange er für Schlüsselaufgaben bei der Umweltplanung eingesetzt wird und die Möglichkeit hat, diese Planung auch in die Realität umzusetzen.

Entlohnung und Leistungen. Mitarbeiter, deren Karriereanker der Dienst oder die Hingabe für eine Idee oder Sache ist, wollen für ihre Tätigkeit fair bezahlt werden und Zusatzleistungen seitens des Unternehmens erhalten, die sie bei einem Wechsel des Arbeitgebers mitnehmen können. Sie wollen keine besonders starke Loyalität für einen bestimmten Arbeitgeber entwickeln. Geld als solches hat für sie keine zentrale Bedeutung.

Beförderung. Wichtiger als eine Belohnung in Form von Bargeld ist für den im Dienst oder der Hingabe für eine Idee oder Sache verankerten Mitarbeiter eine Beförderung, die seinem Beitrag Rechnung trägt und die ihn in eine Stellung bringt, in der er mehr Möglichkeiten zur Einflußnahme sowie die Freiheit hat, selbständig tätig zu werden.

Art der Anerkennung. Im Dienst oder der Hingabe für eine Idee oder Sache verankerte Mitarbeiter möchten sowohl Anerkennung als auch Unterstützung von ihren Kollegen und Vorgesetzten. Sie wollen das Gefühl haben, daß ihre persönlichen Werte auch von den höheren Führungsebenen anerkannt und *geteilt* werden. Fehlt diese Art der Unterstützung von oben, so tendieren sie zu selbständigen Tätigkeiten, wie z.B. der eines Beraters.

Totale Herausforderung

Es gibt Menschen, deren beruflicher Werdegang in dem Bewußtsein verankert ist, alles oder jeden besiegen zu müssen. Für sie ist Erfolg das Überwinden unüberwindbarer Hindernisse, das Lösen unlösbarer Probleme oder das Bezwingen überlegener Gegner. Mit jedem Vorankommen suchen sie noch größere Herausforderungen. Manche suchen sich Tätigkeiten, bei denen sie fortwährend neuen und immer schwieriger werdenden Aufgaben gegenüberstehen. Es handelt sich jedoch bei dieser Gruppe nicht um Mitarbeiter, die in der technischen/funktionalen Kompetenz verankert sind, da es ihnen anscheinend gleichgültig ist, auf welchem Gebiet die zu überwindende Schwierigkeit liegt. Es scheint, als ob einige Unternehmensberater in diese Schablone passen, da sie sich immer wieder neue strategische Aufgaben suchen, die in zunehmende Maße schwieriger werden.

Für andere wiederum stellt sich die Herausforderung im zwischenmenschlichen Bereich oder als Wettbewerb dar. Für Marineflieger ist zum Beispiel der einzige Existenzzweck die Vorbereitung auf den Ernstfall, die Auseinandersetzung mit einem Gegner (Derr, 1986). Bei dieser "Auseinandersetzung" wären die "Krieger" dann in der Lage, ihre Überlegenheit im Kampf Mann gegen Mann sowohl sich selbst als auch ihren Mitmenschen gegenüber zu beweisen. Obwohl die militärische Seite dieses Karriereankers etwas übertrieben scheint, stellt sich das Leben auch anderer Berufstätiger durchaus als eine Art kämpferischer Wettbewerb dar, in dem man erfolgreich sein muß. Viele Außendienstmitarbeiter, Sportler und auch Manager sehen ihren Beruf als täglichen Kampf an, bei dem es um Sieg oder Niederlage geht.

Ein Großteil der Menschen braucht ein bestimmtes Maß an Herausforderung, für den in der totalen Herausforderung Verankerten ist sie jedoch das zentrale Thema. Der Arbeitsbereich das Unternehmen, in dem man beschäftigt ist, das Gehaltssystem, die möglichen Beförderungen und die Formen der Anerkennung, all das ist von sekundärer Bedeutung. Es geht darum, ob eine Tätigkeit immer wieder Möglichkeiten bietet, sich selbst erneut zu behaupten. Fehlt die Möglichkeit zur Selbstbehauptung und zu einer fortwährenden Leistungsüberprüfung, dann wird der Betreffende gelangweilt und leicht reizbar. Oft hört man auch von den Betreffenden, wie wichtig Abwechslung im Beruf sei. Einer der Hauptgründe, aus dem für sie eine Tätigkeit im General Management so ungemein attraktiv erscheint, ist die Abwechslung und immense Herausforderung, die eine solche Aufgabe mit sich bringt.

Die zur Motivierung und Weiterentwicklung derartiger Mitarbeiter erforderlichen Anreize seitens des Managements sind ungemein komplexer Natur. Einerseits sind Mitarbeiter dieser Kategorie schon von Haus aus sehr stark motiviert, sich weiterzuentwickeln. Wahrscheinlich sind sie auch solchen Unternehmen gegenüber äußerst loyal, die ihnen die entsprechenden Möglichkeiten zur ständigen Selbstbestätigung geben. Andererseits können sie aber auch sehr einseitig orientiert sein und denjenigen das Leben schwer machen, die vergleichbare Bestrebungen nicht haben. Der im Jahre 1979 gedrehte Hollywood-Film *"Der große Santini"* stellt die Schwierigkeiten deutlich heraus, die ein derartiger "Krieger" sowohl für seine Vorgesetzten als auch für seine Familie mit sich bringt. Ein bestimmter Beruf ist für einen "Krieger" nur dann sinnvoll, wenn er darin in einem andauernden Wettbewerb stehen kann. Fehlt diese Möglichkeit zur ständigen Selbstbehauptung, so kann er leicht demoralisiert und für sich selbst und auch andere zum großen Problem werden.

Lebensstilintegration

Auf den ersten Blick scheint dieses Konzept eigentlich ein Widerspruch in sich selbst zu sein. Menschen, die ihr Leben anhand eines bestimmten Lebensstils ausrichten, sagen einerseits, daß ihnen eine Karriere als solche nicht sehr viel bedeutet und sie aus diesem Grund auch keinen speziellen Karriereanker hätten. Trotzdem darf diese Gruppe in einer Abhandlung über Karriereanker nicht fehlen, da eine wachsende Zahl Berufstätiger im Hinblick auf ihre berufliche Entwicklung zwar stark motiviert ist, gleichzeitig aber die Einschränkung macht, daß sich der Beruf in den persönlichen Lebensstil integrieren lassen muß. Es handelt sich hierbei nicht nur um den Ausgleich zwischen Privatleben und Beruf, wie dies auch bisher durchaus nichts Ungewöhnliches war, sondern eher um die Suche nach einer Möglichkeit, die Bedürfnisse des Einzelnen mit denen der Familie bzw. den privaten Wünschen und der Karriere in Einklang zu bringen.

Da eine derartige Integration einer kontinuierlichen Entwicklung unterworfen ist, sucht der Betreffende in erster Linie Flexibilität. Anders als der in der Selbständigkeit Verankerte - für den Flexibilität ebenfalls unabdingbar ist -, ist die Gruppe der in der Lebensstilintegration verankerten Berufstätigen gerne bereit, für ein Unternehmen tätig zu sein, vorausgesetzt, die richtigen Möglichkeiten stehen zum passenden Zeitpunkt zur Verfügung. Zu diesen Möglichkeiten gehören Dinge wie z.B. Reisen oder Umzug nur dann, wenn die familiäre Situation dies auch zuläßt, Teilzeitbeschäftigung, wenn dies erforderlich ist, Freistellung, Mutterschutz, Kindertagesstätten (in zunehmendem Maße für Ehepaare zutreffend, bei denen beide Ehepartner berufstätig sind oder für alleinerziehende Mütter/Väter), flexible Arbeitszeit, Ausübung der Tätigkeit zuhause während der normalen Arbeitszeit etc. In der Lebensstilintegration Verankerte sind eher auf der Suche nach einer bestimmten *Haltung* einer Organisation zur Frage von Arbeit und Leben als nach einem speziellen Programm. Gesucht ist eine Haltung, die die persönlichen und familiären Bedürfnisse des Mitarbeiters respektiert und eine tatsächliche Neuverhandlung des Arbeitsvertrags ggf. möglich macht.

Ein derartiger Karriereanker wurde zuerst bei weiblichen Absolventen der Sloan Management-Schule des Massachusetts Institutes of Technology entdeckt. Er kommt aber in zunehmendem Maße auch bei männlichen Absolventen zum Ausdruck, in erster Linie bei solchen, die im Management oder als Unternehmensberater tätig sind. Dieses Phänomen spiegelt wahrscheinlich mehrere Trends in unserer modernen Gesellschaft wider und stellt eine unvermeidbare Auswirkung der Doppelverdienerfamilien dar. Seitens des Managements ist in erster Linie Verständnis gefragt, da es nicht ganz klar ist, welche Reaktionen seitens der arbeitgebenden Organisation im Einzelfall hilfreich sind. Grundlage ist jedoch die Erkenntnis, daß die Personalpolitik und die Möglichkeiten zur beruflichen Entwicklung flexibler gestaltet werden müssen.

Eine spezielle Auswirkung dieser Lebensstilorientierung ist der steigende Widerstand von Berufstätigen gegen einen Umzug. Zuerst schien es, als ob dies der Verankerung in der Sicherheit/Beständigkeit zuzuordnen sei, aber im Laufe der Zeit wurde es immer deutlicher, daß eine fehlende Bereitschaft zum Umzug aus beruflichen Gründen meist nicht so sehr auf dem Streben nach Sicherheit/Beständigkeit beruht, sondern eher auf dem Wunsch nach der Integration von persönlichen Bedürfnissen, Familie und Beruf. Sollte dieser Trend sich fortsetzen, so könnte dies eine deutliche Auswirkung auf die Karriere haben. Von vielen Unternehmen wird die Bereitschaft zum Umzug aus beruflichen Gründen als selbstverständlich vorausgesetzt und Mobilität als positiv für die berufliche Entwicklung angesehen. Steigt nun die Zahl der in der Lebensstilintegration Verankerten stark an, so ist es noch nicht klar, ob die Betreffenden ihre Aufstiegsmöglichkeiten opfern müssen oder die Unternehmen vorgegebene Wege der beruflichen Entwicklung neu definieren werden, um auch innerhalb eines begrenzten geographischen Bereichs ein berufliches Vorankommen möglich zu machen.

4.4 Gibt es noch andere Karriereanker?

Die bis dato zu diesem Thema durchgeführten Studien ergaben, daß sich die meisten Menschen anhand der vorstehend erläuterten acht verschiedenen Typen von Karriereankern einordnen lassen. Diese Anker wurden in einer Vielzahl von Berufen festgestellt und treffen auch auf Ärzte, Rechtsanwälte, Lehrer, Marineoffiziere, Berater, Polizeibeamte und Arbeiter in der Produktion (wenn man sie während der Freizeit befragt) zu. Sogar "unbezahlte" Tätigkeiten - z.B. Hausarbeit - können unter dem Aspekt der verschiedenen Karriereanker gesehen werden, da die Ehepartner von Berufstätigen aus Gründen an der Haus- und Familienarbeit Gefallen finden, die die einzelnen Kategorien von Karriereankern deutlich widerspiegeln.

Es wird oft die Frage gestellt, ob es noch weitere Kategorien von Karriereankern gibt, in erster Linie solche, die sich um Macht, Abwechslung, Kreativität oder Unternehmensidentität ranken. Entsprechend den angewandten Untersuchungsrichtlinien wurde so verfahren, daß bei zwei oder mehr Fällen, die in keine der acht existierenden Kategorien gepasst hätten, eine neue Kategorie von Karriereanker aufgenommen worden wäre. Bis jetzt war es aber so, daß sich jede neue Dimension auf irgendeinen Aspekt einer der anderen Karriereanker zurückführen ließ oder auf die eine oder andere Art in den unterschiedlichen Kategorien enthalten war.

"Macht" und "Kreativität" zum Beispiel scheinen generelle Bedürfnisse zu sein und werden in den einzelnen Gruppen von Karriereankern unterschiedlich ausgedrückt. Der in der technischen/funktionalen Kompetenz Verankerte bringt seine Macht durch überlegenes Wissen und überlegene Fähigkeiten zum Ausdruck (Expertenmacht). Der "Unternehmer" zeigt Macht dadurch, daß er ein Unternehmen aufbaut (Eigentumsmacht), für den im General Management Verankerten ist Macht dadurch manifestiert, daß er eine Position innehat, die ihm einen Titel, Einfluß und Ressourcen einräumt (Statusmacht), für den im Dienst oder in der Hingabe für eine Idee oder Sache Verankerten stellt sich Macht in seiner moralischen Überzeugung dar etc. Kreativität drückt sich in ähnlicher Weise innerhalb der einzelnen Kategorien von Karriereankern unterschiedlich aus.

"Abwechslung" ist ein weiterer Aspekt der Berufstätigkeit, der zwar von vielen gewünscht und angestrebt wird, der aber im eigentlichen Sinne keinen Karriereanker darstellt. Auch sie läßt sich über Selbständigkeit, Herausforderungen im Management, unternehmerische Aktivitäten oder den Lebensstil in unterschiedlicher Weise realisieren. Nur die in der technischen/funktionalen Kompetenz, in der Sicherheit/Beständigkeit oder im Dienst oder in der Hingabe für eine Idee oder Sache Verankerten geben manche Aspekte eines abwechslungsreichen Berufslebens zugunsten anderer, für sie wichtiger Erwägungen bei der Entwicklung ihres beruflichen Werdegangs auf.

Aus Sicht der hier vorliegenden Erarbeitung einer Selbstanalyse sollte der Teilnehmende den Versuch unternehmen, seinen tatsächlichen Karriereanker zu finden. Dabei sollte er aber auf alle Fälle auf mögliche Abweichungen von den vorerwähnten Mustern achten. Es ist wichtig, sich selbst über das Gesamtspektrum der eigenen Fähigkeiten, Motive und Werte klarzuwerden, auch wenn diese nicht unbedingt in die vorstehend beschriebenen Kategorien einzuordnen sind. Worum es in erster Linie geht ist, daß jeder für sich selbst herausfindet, was er unter keinen Umständen aufgeben würde, wäre er zu einer Entscheidung "entweder - oder" gezwungen - das ist sein eigentlicher Karriereanker.

4.5 Kann man mehr als einen Karriereanker haben?

Ein Karriereanker ist *die* Qualität, die ein Mensch nicht aufzugeben gewillt ist, wird er vor die entsprechende Entscheidung gestellt. Laut dieser Definition gibt es lediglich *einen* Karriereanker - jene Kombination aus persönlichen Fähigkeiten, Werten und Beweggründen, die ganz oben in der Hierarchie der persönlichen Prioritäten steht. In einer Vielzahl von Berufssituationen ist es jedoch durchaus möglich, sich verschiedene Kombinationen aus Fähigkeiten, Motiven und Werten zu erfüllen, ohne daß je eine "entweder-oder" Wahl getroffen werden muß. Diese Freiheit jedoch hindert den Betreffenden lediglich daran, seine oberste Priorität angesichts eines scharfen Dilemmas *überhaupt entdecken zu müssen*. Der Leiter eines Funktionsbereichs in einem patriarchalisch geführten Unternehmen kann sich unter Umständen die Karriereanker Sicherheit, Selbständigkeit, technische/funktionale Orientierung, Management und sogar Integration seines Lebensstils erfüllen. Um nun in diesem Fall den *tatsächlichen* Karriereanker bestimmen zu können, muß sich der Betreffende hypothetische Situationen im Hinblick auf seinen beruflichen Werdegang ausdenken, die ihn zu den entsprechenden Entscheidungen zwingen würden. Ein Beispiel für eine solch hypothetische Entscheidung wäre: würde der Betreffende die Position des Geschäftsführers einer Sparte oder die Stellung des

Geschäftsführers seines Funktionsbereiches akzeptieren? Meist ist es möglich, den wahren Karriereanker zu bestimmen, stellt man sich die Frage nach der Entscheidung, die man selbst in solch hypothetischen Situationen treffen würde.

Sollte sich auch dann noch kein Karriereanker klar abzeichnen, so kann es unter Umständen möglich sein, daß der Betreffende bis dato noch nicht genügend Lebenserfahrung gesammelt hat, um die entsprechenden Prioritäten entwickelt zu haben. Ist dies der Fall, so würde der Betreffende den für ihn persönlich wichtigsten Karriereanker wählen und seine Reaktionen auf unterschiedliche Situationen dadurch erforschen, daß er systematisch verschiedene Aufgaben annimmt. Jemand, der seine Befähigung zum General Management aufgrund fehlender Erprobung noch nicht einschätzen kann, könnte aus diesem Grund entweder freiwillig bei einem speziellen Projekt mitarbeiten, Mitglied in einem Kommittee werden, sich als stellvertretender Manager eines Teilbereichs einsetzen lassen oder sich auf irgendeine andere Art die erforderliche Erfahrung verschaffen. Anstelle dieser Alternativen kann der Betreffende ebenfalls Kollegen um detaillierten Rat angehen, die entsprechende Positionen innehaben.

4.6 Verändern sich Karriereanker?

Bis jetzt sind noch nicht alle Anhaltspunkte dafür bekannt, wie sich Karriereanker im Laufe der Zeit verändern. Es wurden immer noch zu wenige Berufstätige über zu kurze Zeiträume beobachtet, um sicher feststellen zu können, wie sich Karriereanker entwickeln. Fünfzehn der ursprünglichen Teilnehmer und Teilnehmerinnen wurden bis in die Mitte ihres vierzigsten Lebensjahrzehnts beobachtet. Zumindest bis heute deuten sämtliche Anhaltspunkte schwerpunktmäßig auf Beständigkeit des Karriereankers hin. Dies war auch zu erwarten, da der Berufstätige, nachdem er sich über das konkrete Bild, daß er sich von der eigenen Person macht, klar geworden ist - d.h. nachdem der Betreffende über seine Stärken, Wünsche und Werte Klarheit erlangt hat - versuchen wird, an diesem Bild festzuhalten. Je besser sich ein Mensch selbst zu kennen meint, desto mehr wird er versuchen, an dieser Erkenntnis festzuhalten.

Betrachten Sie die nachstehenden Beispiele:

* Ein technisch/funktional orientierter leitender Ingenieur eines großen Unternehmens stellt fest, daß er sich in Richtung des General Managements bewegt, weil der externe Weg seiner Karriere eben so strukturiert

ist. Da er ahnt, daß seine nächste Beförderung eine Tätigkeit im Management mit sich bringt, versucht er seine Freunde in der Geschäftsleitung dahingehend zu mobilisieren, daß ihm eine Stabstätigkeit in der Konzernzentrale übertragen wird. Er kann diese horizontale Bewegung innerhalb seiner Karriere erfolgreich durchsetzen. Mit anderen Worten: er ist bereit, auf eine besser dotierte Tätigkeit in einer höheren Managementebene zugunsten einer Aufgabe in seinem bevorzugten Fachgebiet zu verzichten.

* Der technisch/funktional orientierte Leiter eines Funktionsbereichs kündigt, da ihm seine Tätigkeit zu langweilig erscheint und er sich in einer beruflichen Sackgasse wähnt. Seine nächste erfolgreiche berufliche Tätigkeit ist die eines Beraters im selben technischen/funktionalen Bereich, in dem er vorher beschäftigt war. Sein beruflicher Werdegang war zwar "umgeleitet", sein Karriereanker hat sich jedoch nicht verändert.

* Ein "Selbständiger" wird zum "Aussteiger", verläßt sein Unternehmen und lebt einfach so vor sich hin. Er heiratet und gründet eine Familie. Anstatt nun wieder mit dem Strom zuschwimmen, entschließen er und seine Frau sich zur Eröffnung eines Antiquitätenladens, damit er seine Selbständigkeit bewahren kann.

* Zwei wenig erfolgreiche "Unternehmer" haben bis jetzt noch kein Unternehmen gefunden, das sie aufbauen und voranbringen können und leben, während sie auf der Suche danach sind, einfach so vor sich hin, anstatt eine gesicherte Existenz anzustreben.

* Ein erfolgreicher Unternehmer verlor vor einigen Jahren seinen gesamten Wohlstand und ist nun damit beschäftigt, eine ganze Kette von neuen Unternehmen aufzubauen.

Es gibt Berufstätige, die in der Mitte ihres Lebens einschneidende Veränderungen in ihrer Karriere vornehmen, um endlich das zu realisieren, was schon von Anfang an ihr persönlicher Karriereanker war, zu dessen Umsetzung sie jedoch nie zuvor Gelegenheit hatten. Ein Computerberater mit technisch-funktionalem Karriereanker sei hier als Beispiel angeführt, der Zeit seines Lebens Jura studieren wollte. Als er durch eine kleine Erbschaft endlich in die Lage versetzt wird, sich diesen Traum auch finanziell erfüllen zu können, zögert er nicht lange. Nach Abschluß seines Studiums eröffnet er eine Kanzlei in einer Kleinstadt und wird auch durch

Einsatz seiner zuvor erworbenen Computer- und Beraterkenntnisse zum erfolgreichen Anwalt. Sein Anker verbleibt in der technischen/funktionalen Kompetenz.

Aufgrund der individuellen Entwicklung verschiedener Karrieren stimmen die ausgeübte Tätigkeit und der Karriereanker oftmals nicht überein. Ein technisch/funktional verankerter Mitarbeiter macht Karriere im General Management, ein im Management Verankerter übt eine Stabstätigkeit in einem Unternehmen aus. Ein in der Sicherheit verankerter Mitarbeiter kann davon überzeugt werden, sich an einem unternehmerischen Risiko zu beteiligen, wohingegen ein in der Selbständigkeit Verankerter unter Umständen eine zwar langweilige aber dafür sichere Tätigkeit unter Leitung eines diktatorischen Chefs ausübt, um seinen Lebensunterhalt zu verdienen. Bis zu einem bestimmten Punkt können die Betreffenden auch gewisse Leistungen erbringen, sie fühlen sich aber nicht sehr wohl in ihrer Haut und ihrer Aufgabe nicht übermäßig verpflichtet. Sie können sich den Umständen zwar anpassen und das Beste aus der Situation machen, einen Einfluß auf den Karriereanker hat dies jedoch nicht, er bleibt unverändert, auch wenn er nicht gelebt werden kann. Sobald sich die Gelegenheit ergibt, wird der Mitarbeiter eine ihm geeigneter erscheinende Tätigkeit annehmen.

4.7 Zusammenfassung:
Übereinstimmung der persönlichen Bedürfnisse mit den Erfordernissen der Organisation

Die persönliche, d.h. interne Seite der beruflichen Entwicklung wurde ziemlich detailliert untersucht. Schwerpunkt bei der Untersuchung waren die einzelnen Stadien des beruflichen Werdeganges, die Analyse und Bewertung der beruflichen Mobilität und des Erfolgs sowie der Einfluß des Karriereankers auf das konkrete Bild, das die Betroffenen im Verlauf ihres Berufslebens von sich selbst entwickelt haben. Für den jeweiligen Berufstätigen ist die Erkenntnis über seinen persönlichen Karriereanker sinnvoll, damit er im Hinblick auf seinen Werdegang die richtigen Pläne machen und die richtigen Entscheidungen treffen kann.

Gleichzeitig kann die gewonnene Erkenntnis über die eigene Karriere auch dabei helfen, den Werdegang *anderer* zu beeinflussen. Bei der beruflichen Entwicklung geht es letztendlich darum, die Bedürfnisse des Einzelnen mit den Erfordernissen der Organisation in Einklang zu bringen. Was das Ganze so ungemein erschwert, ist die Tatsache, daß sich die einzelnen Mitarbeiter drastisch voneinander unterscheiden. Dies tritt auch in der vorliegenden Studie über die Karriereanker deutlich zutage. Darüberhinaus unterscheiden sich auch Organisationen deutlich voneinander und ihre Erfordernisse verändern sich zusammen mit dem Umfeld, in dem sie tätig sind. Eine Abstimmung zwischen zwei solchen eigendynamischen Prozessen herzustellen, ist - gelinde gesagt - schwierig.

Wem kann man nun einen derartigen Abstimmungsprozeß anvertrauen? Offensichtlich handelt es sich um eine Verantwortlichkeit, die gleichermaßen zwischen dem jeweiligen Mitarbeiter, der Organisation, deren Führungskräften sowie anderen Institutionen (wie z.B. Universitäten und Regierungsbehörden) aufzuteilen ist.

4.7.1 Was kann der Mitarbeiter selbst tun?

Die Hauptverantwortung des Mitarbeiters liegt darin, die entsprechende Erkenntnis zu gewinnen und sie dem für seine berufliche Entwicklung zuständigen Verantwortlichen innerhalb der Organisation(Vorgesetzter, Personalchef, Personalentwickler, Personalreferent) mitzuteilen. Kennt ein Mitarbeiter seine Fähigkeiten und Schwerpunkte nicht, so läßt sich sein beruflicher Werdegang auch nicht konstruktiv fördern. Der Mitarbeiter muß mit der ihn beschäftigenden Organisation klar und unmißverständlich kommunizieren und vernünftige Entscheidungen treffen. Es ist unrealistisch, anzunehmen, daß Manager und Unternehmen ihre Mitarbeiter gut genug verstehen, um geeignete Karriereentscheidungen für sie treffen zu können (obwohl die meisten Personalentwicklungssysteme derzeit noch so aufgebaut sind). Letztendlich muß jeder lernen, seine eigene berufliche Entwicklung selbst in die Hand zu nehmen.

4.7.2 Was können arbeitgebende Organisationen tun?

Sie können die folgenden drei Vorschläge aufgreifen:

1. Flexiblere Karrierewege, Anreiz- und Vergütungssysteme schaffen. Derartige flexible Systeme können den Bedürfnissen der unterschiedlichsten Mitarbeiter Rechnung tragen, auch dann, wenn sie die gleiche Tätigkeit ausüben.

2. Gesteigerte Selbsterkenntnis und Eigenverantwortlichkeit anregen. Führungskräfte sollten ihren eigenen Karriereanker analysieren und ihre eigenen Karrieren nachdrücklicher selbst in die Hand nehmen, um so als Vorbild und Modell für ihre Mitarbeiter dienen zu können.

3. Deutlichmachen, was das Unternehmen vom einzelnen Mitarbeiter erwartet. Unternehmen sollten die speziellen Eigenarten bestimmter Tätigkeiten in Verbindung mit einzelnen Karrieren besser analysieren und

diese dann den Bewerbern und Mitarbeitern deutlich und unmißverständlich aufzeigen. Ein Anwärter auf eine bestimmte Funktion, der sich selbst zwar gut kennt, der aber keine zufriedenstellenden Angaben über die anstehenden Aufgaben und ihre Anforderungen erhält, kann natürlich keine vernünftige Entscheidung treffen. Will die Organisation das richtige Talent am richtigen Platz haben, so muß sie sich selbst darüber im Klaren sein, welche Anforderungen dort nötig sind. Dies ist nur mit Hilfe einer verbesserten Arbeitsanalyse und Personalentwicklung möglich.

4.7.3 Was können die überbetrieblichen Institutionen tun?

Es gibt Situationen, bei denen eine Abstimmung zwischen dem Mitarbeiter und der ihn beschäftigenden Organisation unmöglich wird. Dies kann daran liegen, daß die Fähigkeiten des Betreffenden den Anforderungen nicht genügen, daß innerhalb des Unternehmens ein Überschuß an Personal herrscht oder daß der Mitarbeiter mit einer bestimmten Organisationsform nicht zurechtkommt. Die häufigste Variante dieser Misere ist der Einsatz neuer Technologien, der dann eine Vielzahl Mitarbeiter "überflüssig" macht. In vielen Unternehmen werden innerbetriebliche Umschulungs- und Ausbildungsmöglichkeiten angeboten, die die negativen Auswirkungen derartiger Umstrukturierungsprozesse mindern sollen. Leider ist bei manchen Mitarbeitern jedoch eine Umschulung nicht möglich oder es sind einfach zu viele Stellen abgebaut worden. In diesen Fällen müssen dann andere Institutionen - getragen entweder von der öffentlichen Hand oder von überbetrieblichen Einrichtungen, als Netz fungieren und den Betroffenen entsprechende Umschulungs- oder Ausbildungsmöglichkeiten anbieten. Mit anderen Worten, aus ihrer Tätigkeit entlassene Mitarbeiter müssen wirtschaftlich mindestens zwei bis drei Jahre abgesichert sein, damit sie ausreichend Zeit haben, ihre berufliche Orientierung neu auszurichten und sich neue Kenntnisse und Fähigkeiten anzueignen. Die Technologien unterliegen heutzutage einem ungeheuer schnellen Wandel, weshalb die Schaffung und Unterstützung derartiger Institutionen, die berufliche Umschichtungsvorgänge organisieren helfen sollen, in zunehmendem Maße an Bedeutung gewinnen wird.

Nur wenn die Organisation, der jeweilige Mitarbeiter und die verantwortlichen öffentlichen Institutionen zusammenarbeiten, um den beschriebenen Abstimmungsprozess im Verlauf eines ganzen Berufslebens zu verbessern, können auf Dauer sowohl die Leistungsfähigkeit der Organisation und die Zufriedenheit der dort arbeitenden Menschen zunehmen. Das ist die Herausforderung der Zukunft.

Kapitel 4

5 INTERVIEW ZUM KARRIEREANKER

Im nächsten Schritt wird Ihr Partner Sie zu vergangenen, gegenwärtigen und zukünftigen Themen Ihrer beruflichen Laufbahn interviewen. Zuerst geht es dabei um Ihre Ausbildung. Die eigentlichen Fragen finden Sie auf den nachfolgenden Seiten. Hinter den einzelnen Fragen ist genug Platz, damit sich Ihr Interviewpartner Notizen zu Ihren Angaben machen kann. Sie und Ihr Interviewpartner sollten vorher diese Seite aufmerksam durchlesen, damit Sie sich mit dem Verfahren des Interviews vertraut machen.

Das Interview selbst konzentriert sich auf die tatsächlichen *Entscheidungen*, die Sie während Ihrer beruflichen Entwicklung (Karriere) getroffen haben oder in Zukunft zu treffen beabsichtigen. Zu jeder wichtigen Entscheidung oder Handlung werden Sie aufgefordert, sich Gedanken über die Motive zu machen, die der Entscheidung/Handlung zugrundelagen sowie über Ihre Empfindungen im Hinblick auf die getroffene Entscheidung. Das Interview ist bewußt auf die Vergangenheit ausgerichtet, um Ihnen zu ermöglichen, Ihre berufliche Vergangenheit rekonstruieren zu können und die Ihrer Entscheidungsfindung zugrunde liegenden Verhaltensmuster und Beweggründe zu erforschen. Auf die *Verhaltensmuster* sollten Sie und Ihr Partner sich dann im Verlauf des Interviews auch verstärkt konzentrieren.

Während des Interviews können sowohl Sie als auch Ihr Partner ohne weiteres noch detaillierter auf die einzelnen Punkte eingehen und auch andere Bereiche anschneiden. Wir empfehlen bei zusätzlichen Angaben immer mit der Frage "Was haben Sie unternommen oder entschieden?" zu beginnen und erst danach nach dem "Warum?" oder den damit verbundenen Empfindungen zu fragen.

> Jetzt sollten Sie Ihrem Interviewpartner dieses Handbuch übergeben.

Kapitel 5

5.1 Interviewfragen

Das Interview soll sie und Ihren Partner dabei unterstützen, jene Einflußfaktoren zu verstehen, die eine berufliche Entwicklung (Karriere) bestimmen. Sie werden Verhaltensmuster oder wichtige Themen in den angesprochenen Ereignissen erkennen, die bestimmten Ereignissen zugrundeliegen und deren Ursachen ausfindig machen. Arbeiten Sie die Fragen entspannt durch und nehmen Sie sich auch die Zeit, andere Dinge zu erörtern, die in Zusammenhang mit den Fragen stehen und im Verlauf des Interviews angesprochen werden. Ihre Aufgabe ist es, Ihren Gesprächspartner bei der Äußerung und Formulierung seiner beruflichen Entwicklungsgeschichte zu unterstützüen, damit Sie gemeinsam die Themen und Muster identifizieren können.

1. *Ausbildung*. Beginnen wir mit Ihrer Ausbildung. Worauf haben Sie sich während dieser Zeit konzentriert? (Beziehen Sie sich in erster Linie auf Ihr Studium und/oder auf die berufliche Ausbildung)

   Aus welchem Grund haben Sie sich für diese Schwerpunkte entschieden?

   Welche Empfindungen haben Sie heute im Hinblick auf Ihre Entscheidung für diese Schwerpunkte?

2. *Erste Tätigkeit.* Was war Ihre erste richtige Tätigkeit nach Abschluß Ihrer Ausbildung? (Wenn Sie nicht sofort danach eine Tätigkeit begonnen haben: Was war das erste bedeutende Ereignis nach Abschluß Ihrer Ausbildung?)

Was haben Sie von Ihrer ersten beruflichen Tätigkeit bzw. vom ersten bedeutenden Ereignis Ihres Lebens nach Abschluß Ihrer Ausbildung erwartet? Warum haben Sie diese Wahl getroffen?

Kapitel 5

3. *Ziele* Welche Amibitionen oder langfristigen Ziele hatten Sie am Anfang Ihres beruflichen Werdeganges?

Wie entwickelte sich Ihre erste Tätigkeit im Hinblick auf diese Ziele?

Das Interview

4. *Nächste Tätigkeit oder nächstes wichtiges Ereignis in Ihrem Leben.* Geben Sie die erste große Veränderung Ihrer beruflichen Tätigkeit oder den ersten Wechsel Ihres Arbeitgebers an.

Wie kam es dazu? Wer hat diese Veränderung/diesen Wechsel ausgelöst? Welche Gründe haben Sie dazu bewogen?

Welche Empfindungen hatten Sie im Hinblick auf diese Veränderung/diesen Wechsel? Wie konnten Sie dies mit Ihren Zielen vereinbaren?

Kapitel 5

5. *Nächste Tätigkeit oder nächstes wichtiges Ereignis in Ihrem Leben.* Geben Sie die nächste große Veränderung Ihrer beruflichen Tätigkeit oder den nächsten Wechsel Ihres Arbeitgebers an.

Wie kam es dazu? Wer hat diese Veränderung/diesen Wechsel ausgelöst? Welche Gründe haben Sie dazu bewogen?

Welche Empfindungen hatten Sie im Hinblick auf diese Veränderung/diesen Wechsel? Wie konnten Sie dies mit Ihren Zielen vereinbaren?

6. Fahren Sie mit der Analyse der Veränderungen/Wechsel Ihrer beruflichen Tätigkeit/Ihres Arbeitgebers/Ihres beruflichen Werdeganges/Ihres Lebens fort. Geben Sie jede Veränderung/jeden Wechsel an und analysieren Sie die Beweggründe und Auswirkungen.

Wie kam es dazu? Wer hat diese Veränderung/diesen Wechsel ausgelöst? Welche Gründe haben Sie dazu bewogen?

Welche Empfindungen hatten Sie im Hinblick auf diese Veränderung/diesen Wechsel? Wie konnten Sie dies mit Ihren Zielen vereinbaren?

Kapitel 5

7. *Nächste Tätigkeit oder nächstes wichtiges Ereignis in Ihrem Leben.*

Wie kam es dazu? Wer hat diese Veränderung/diesen Wechsel ausgelöst? Welche Gründe haben Sie dazu bewogen?

Welche Empfindungen hatten Sie im Hinblick auf diese Veränderung/diesen Wechsel? Wie konnten Sie dies mit Ihren Zielen vereinbaren?

8. *Nächste Tätigkeit oder nächstes wichtiges Ereignis in Ihrem Leben.*

Wie kam es dazu? Wer hat diese Veränderung/diesen Wechsel ausgelöst? Welche Gründe haben Sie dazu bewogen?

Welche Empfindungen hatten Sie im Hinblick auf diese Veränderung/diesen Wechsel? Wie konnten Sie dies mit Ihren Zielen vereinbaren?

Kapitel 5

Fahren Sie mit der Analyse der Veränderungen /Wechsel Ihrer beruflichen Tätigkeit/Ihres beruflichen Werdeganges/Ihres Lebens bis zur Gegenwart fort und verwenden Sie hierzu das Muster der vorstehend aufgeführten Fragen. Fügen Sie hierzu nach Bedarf weitere Blätter ein.

9. Wenn Sie Ihre bisherige berufliche Entwicklung Revue passieren lassen: Gab es wichtige Übergänge, an denen eine Veränderung/ein Wechsel stattgefunden hat, die/der nicht der üblichen Routine entsprach? Bitte erläutern Sie jeden einzelnen Übergang.

Um welche Art Übergang handelte es sich hierbei? Wie kam es dazu? Wer hat diesen Übergang ausgelöst?

Welche Empfindungen hatten Sie im Hinblick auf diesen Übergang? Wie konnten Sie dies mit Ihren Zielen vereinbaren?

Kapitel 5

10. Verwenden Sie dasselbe Muster und beschreiben Sie andere wichtige Übergänge. Fügen Sie hierzu nach Bedarf weitere Blätter ein.

11. Wenn Sie Ihren beruflichen Werdegang und Ihr Leben Revue passieren lassen, können Sie bestimmte Zeitabschnitte nennen, die Ihnen äußerst angenehm erschienen?

Welche Gründe waren dafür verantwortlich, daß Ihnen speziell diese Zeitabschnitte so angenehm erschienen sind?

12. Gab es bestimmte Zeitabschnitte, die Ihnen unangenehm waren?

Welche Gründe waren dafür verantwortlich, daß Ihnen speziell diese Zeitabschnitte so unangenehm erschienen sind?

13. Haben Sie jemals eine Tätigkeit oder Beförderung abgelehnt? Falls ja, bitte beschreiben sie diese.

Warum haben Sie die Tätigkeit/Beförderung abgelehnt?

Wenn Sie sich Ihre berufliche Zukunft betrachten, gibt es Dinge, die Sie unbedingt vermeiden/umgehen möchten? Gibt es Dinge, vor denen Sie sich regelrecht fürchten?

Welche Gründe sind dafür verantwortlich, daß Sie die oben angeführten Dinge vermeiden/umgehen möchten oder daß Sie sich davor fürchten?

Kapitel 5

14. Haben sich Ihre Ambitionen oder langfristigen Ziele seit Anfang Ihres beruflichen Werdeganges verändert? Wann? Warum?

Bitte beschreiben Sie Ihre langfristigen Ziele.

Das Interview

15. Wenn Sie sich Ihre berufliche Zukunft betrachten, gibt es spezielle Dinge, auf die Sie sich wirklich freuen?

Welche Gründe sind dafür verantwortlich, daß Sie sich auf die oben angeführten Dinge freuen?

Wie wird Ihrer Meinung nach Ihre nächste Tätigkeit aussehen?

Wie wird Ihrer Meinung nach die Tätigkeit im Anschluß an diese aussehen?

Kapitel 5

Interviewer: Fahren Sie mit der Frage nach den "nächsten" Tätigkeiten solange fort, bis Sie bei der Tätigkeit angelangt sind, die Ihr Partner als Endziel gerne ausüben würde.

16. Was wird sich Ihrer Meinung nach innerhalb der nächsten zehn Jahre im Verlauf Ihres beruflichen Werdeganges tun?

Aus welchen Gründen sind Sie dieser Meinung?

Kapitel 5

17. Wie würden Sie Ihre Tätigkeit Anderen gegenüber beschreiben?

Was können Sie wirklich gut?

Was erwarten Sie am meisten von Ihrem Beruf/Ihrer Arbeit?

Welche Werte versuchen Sie, in Ihrem Beruf unbedingt hochzuhalten?

Gibt es irgendwelche Erläuterungen, die Sie an dieser Stelle über sich selbst machen möchten?

18. Wenn Sie die von Ihnen gemachten Angaben überdenken, erkennen Sie bestimmte Muster oder Hauptthemen?

Welche Ungereimtheiten, Widersprüche oder Konflikte stellen Sie bei Ihren Angaben fest?

Welche (hypothetischen/denkbaren) Situationen wären dazu geeignet, diese Konflikte oder Ungereimtheiten zu lösen?

Als nächstes betrachten wir uns die möglichen Kategorien von Karriereankern.

Jetzt sollte der Fragende dieses Handbuch wieder an den Befragten zurückgeben.

5.2 Erkennen Ihres persönlichen Karriereankers

Die nachfolgenden Beschreibungen beziehen sich auf die in Abschnitt 4 erläuterten Kategorien von Karriereankern. Sollten Ihnen die hier aufgeführten Kurzbeschreibungen zu allgemein gehalten sein, dann blättern Sie zu Abschnitt 4 zurück, um Ihr Gedächtnis wieder aufzufrischen.

Technische/funktionale Kompetenz

Ist Ihr Karrieranker eine spezielle Kompetenz in einem technischen oder funktionalen Bereich, so werden Sie auf die Möglichkeit zur Ausübung Ihrer Kompetenzen in diesem Bereich sowie deren Weiterentwicklung unter keinen Umständen verzichten. Ihr Gefühl für die eigene Identität beruht auf der Umsetzung dieser Fachkompetenzen und Sie sind dann zufrieden, wenn Ihre Tätigkeit Ihnen fachliche Herausforderungen in eben diesen Bereichen stellt. Sie sind unter Umständen zur Führung von Mitarbeitern in Ihrem technischen oder funktionalen Bereich bereit, Management als solches reizt Sie jedoch überhaupt nicht. Sie würden eine Tätigkeit im General Management vermeiden, da Sie in diesem Fall zur Aufgabe Ihres Fachgebietes gezwungen wären. Ihre Einstufung in diesem Bereich entnehmen Sie bitte der ersten Spalte des Ergebnisblattes (unter TF).

Befähigung zur Führungskraft als "General Manager"

Ist Ihr Karriereanker die Befähigung zum General Management, so werden Sie auf die Möglichkeit, innerhalb eines Unternehmens auf eine Hierarchieebene zu gelangen, auf der Sie die Bemühungen Ihrer Mitarbeiter über verschiedene Abteilungen hinweg koordinieren und die Verantwortung für einen Teilbereich der Organisation übernehmen können, unter keinen Umständen verzichten. Sie wollen für das Gesamtergebnis verantwortlich sein und dafür gerade stehen. Sie identifizieren Ihre Tätigkeit mit dem Erfolg des Unternehmens, bei dem Sie beschäftigt sind. Sind Sie derzeit in einem technischen oder funktionalen Bereich tätig, so sehen Sie dies lediglich als notwendigen Erfahrungsschritt an, Ihr Wunsch ist jedoch eine baldige Tätigkeit im General Management. Sie haben kein Interesse daran, eine Führungsposition in einem speziellen Fach- oder Funktionsbereich zu erlangen. Ihre Einstufung in diesem Bereich entnehmen Sie bitte der zweiten Spalte des Ergebnisblattes (unter GM).

Selbständigkeit/Unabhängigkeit

Ist Ihr Karriereanker die Selbständigkeit/Unabhängigkeit, so werden Sie nicht auf die Möglichkeit verzichten, Ihre eigene Arbeit auf Ihre eigene Art und Weise zu tun. Sind Sie in einem Unternehmen tätig, so werden Sie versuchen, solche Funktionen auszuüben, die Ihnen die nötige Flexibilität im Hinblick auf Ihre Arbeitszeiten und die Durchführung Ihrer Aufgabe ermöglichen. Sind Ihnen die Vorschriften und Einschränkungen innerhalb einer Organisation ein Greuel, so suchen Sie sich eine Beschäftigung, bei der Sie das gewünschte Maß an Freiheit haben, z.B. in der Lehre oder in einer beratenden Tätigkeit. Um Ihre Selbständigkeit nicht zu verlieren, verzichten Sie sogar auf Chancen, voranzukommen und auf Beförderungen. Unter Umständen eröffnen Sie sogar einen eigenen Betrieb/ein eigenes Geschäft, um sich so eine gewisse Selbständigkeit zu ermöglichen. Der hierbei zugrundeliegende Beweggrund ist jedoch nicht mit dem der (an späterer Stelle beschriebenen) unternehmerischen Kreativität identisch. Ihre Einstufung in diesem Bereich entnehmen Sie bitte der dritten Spalte des Ergebnisblattes (unter SU).

Sicherheit/Beständigkeit

Ist Ihr Karriereanker die Sicherheit/Beständigkeit, so werden Sie unter keinen Umständen auf die Sicherheit eines Arbeitsplatzes oder auf eine dauerhafte Beschäftigung in einer Organisation verzichten. Ihr Hauptanliegen ist es, das Gefühl zu bekommen, "es geschafft zu haben". Dieser Karriereanker ist gekennzeichnet durch das Streben nach finanzieller Sicherheit (wie z.B. durch Renten und Pensionsprogramme) oder nach Sicherheit des Arbeitsplatzes. "Beständigkeit" kann beinhalten, daß Sie für das Versprechen eines sicheren Arbeitsplatzes eine besondere Loyalität zur Organisation entwickeln und auch die Bereitschaft, das zu tun, was der Arbeitgeber von Ihnen verlangt. Der Inhalt Ihrer Tätigkeit oder das Erreichen einer bestimmten Position innerhalb des Unternehmens ist Ihnen nicht so wichtig, obwohl Sie unter Umständen auch eine höhere Ebene der Hierarchie erklimmen können, falls Ihre Fähigkeiten dies zulassen. Genau wie dies auch bei der Selbständigkeit der Fall ist, hat jeder ein gewisses Bedürfnis nach Sicherheit und Beständigkeit, in erster Linie dann, wenn große finanzielle Belastungen anstehen oder die Pensionierung naht. Berufstätige mit diesem Karriereanker sorgen sich jedoch immer um diese Dinge und bauen Ihr persönliches Selbstverständnis auf dem Streben nach Sicherheit und Beständigkeit auf. Ihre Einstufung in diesem Bereich entnehmen Sie bitte der vierten Spalte des Ergebnisblattes (unter SB).

Unternehmerische Kreativität

Ist Ihr Karriereanker die unternehmerische Kreativität, so werden Sie nicht auf die Möglichkeit zur Gründung eines eigenen Unternehmens verzichten wollen. Sie vertrauen dabei auf Ihre persönlichen Fähigkeiten und sind bereit, Risiken einzugehen, Chancen zu nutzen und Hindernisse zu überwinden. Sie wollen Ihren Mitmenschen beweisen, daß Sie zum Aufbau eines Unternehmens in der Lage sind. Möglicherweise sind Sie jetzt noch für andere in einem Unternehmen tätig und lernen dabei künftige Chancen kennen und einschätzen. Sie werden aber den Versuch unternehmen, auf eigenen Füßen zu stehen, sobald Sie das Gefühl haben, es alleine schaffen zu können. Ihr Wunsch ist ein finanziell erfolgreiches Unternehmen als Beweis Ihrer Fähigkeiten. Ihre Einstufung in diesem Bereich entnehmen Sie bitte der fünften Spalte des Ergebnisblattes (unter UK).

Dienst oder Hingabe für eine Idee oder Sache

Ist Ihr Karriereanker der Dienst oder die Hingabe für eine Idee oder Sache, so werden Sie auf die Möglichkeit, eine "wertvolle" Aufgabe zu übernehmen unter keinen Umständen verzichten. Hierzu gehören z.B. die "Verbesserung der Welt", die Lösung von Umweltproblemen, das Stiften von mehr Miteinander und Mitmenschlichkeit, die Verringerung von Leiden oder die Verbesserung der Sicherheit anderer, die Ausrottung von Seuchen und ähnliche wichtige Themen. Sie werden Ihr Ziel auch dann hartnäckig verfolgen, wenn dies einen Wechsel des Arbeitgebers mit sich bringt. Sie sind keinesfalls gewillt, Versetzungen oder Beförderungen anzunehmen, die Sie von Aufgaben entfernen würden, in denen Sie die vorstehend erwähnten Werte finden. Ihre Einstufung in diesem Bereich entnehmen Sie bitte der sechsten Spalte des Ergebnisblattes (unter DH).

Totale Herausforderung

Ist Ihr Karriereanker die Suche nach Herausforderungen, so werden Sie keinesfalls auf die Möglichkeit verzichten, Lösungen für scheinbar unlösbare Probleme zu finden, überlegene Gegner zu besiegen oder schwierige Hindernisse zu überwinden. Für Sie gibt es nur eine sinnvolle Begründung für eine bestimmte Tätigkeit oder einen Beruf: die Möglichkeit, das Unmögliche möglich zu machen. Es gibt Berufstätige, deren Hunger nach Herausforderungen durch intellektuelle

Aufgaben gestillt wird wie z.B. der Ingenieur, der nur an offensichtlich "unmöglichen" Konstruktionsaufgaben interessiert ist. Andere finden die Herausforderung in komplexen Situationen, bei denen die verschiedensten Aspekte berücksichtigt werden müssen, wie zum Beispiel der Unternehmensberater, der nur an Kunden interessiert ist, die unmittelbar vor dem Konkurs stehen und bei denen sämtliche Ressourcen schon ausgeschöpft wurden. Wieder andere finden die Herausforderung im Wettstreit mit ihren Mitarbeitern oder Kollegen wie z.B. der Profisportler oder der Verkäufer, von dem jeder Verkauf entweder als Sieg oder Niederlage eingestuft wird. Die Bewältigung neuartiger Situationen und Schwierigkeiten ist das Ziel und wenn etwas zu einfach ist, wird es sofort langweilig. Ihre Einstufung in diesem Bereich entnehmen Sie bitte der siebten Spalte des Ergebnisblattes (unter TH).

Lebensstilintegration

Ist Ihr Karriereanker ein spezieller Lebensstil, so werden Sie keinesfalls auf die Möglichkeit verzichten, Ihre persönlichen Bedürfnisse mit denen Ihrer Familie und den Anforderungen Ihres Berufs in Einklang zu bringen. Sie versuchen, sämtliche wichtigen Aspekte Ihres Lebens zu einem Ganzen zu integrieren und unter einen Hut zu bringen und Sie brauchen aus diesem Grund einen Beruf, der Ihnen ausreichende Flexibilität bietet, um diese Integration zu verwirklichen. Möglicherweise müssen Sie deshalb auf bestimmte Aspekte Ihrer beruflichen Entwicklung verzichten (z.B. eine mit einem Umzug verbundene Versetzung, die zwar eine Beförderung nach sich ziehen aber gleichzeitig Ihre gesamte Lebenssituation durcheinander bringen würde). Sie definieren Erfolg anhand weiter gesteckter Kriterien als nur Erfolg im Beruf. Für Sie ist Ihre eigene Identität eher damit verbunden, wie Sie Ihr gesamtes Leben verbringen, wo Sie sich niederlassen, wie Sie Ihre familiäre Situation handhaben und wie Sie sich selbst weiterentwickeln, als nur mit einer bestimmten Tätigkeit innerhalb eines Unternehmens oder einer Organisation. Ihre Einstufung in diesem Bereich entnehmen Sie bitte der achten Spalte des Ergebnisblattes (unter LS).

Kapitel 5

5.3 Bestimmung Ihres Persönlichen Karriereankers

Es stehen Ihnen zur Bestimmung Ihres persönlichen Karriereankers zwei Informationsquellen zur Verfügung - die Punkte aus dem Ergebnisblatt und die Hauptthemen bzw. Muster aus dem Interview. Die Angaben des Interviews sind verläßlicher, da sie auf Ihrer persönlichen Biographie beruhen. Im Gegensatz dazu könnte Ihr Punkteergebnis leicht eingefärbt sein und unter Umständen eher Ihrem persönlichen Bedürfnis nach einer bestimmten Selbsteinschätzung entsprechen.

Versuchen Sie zuerst einmal die Karriereanker von 1 bis 8 einzuordnen und zwar in der Reihenfolge, wie deren Grundaussagen auf Sie zutreffen. Dabei stellt 1 die am ehesten und 8 die am wenigsten auf Sie zutreffende Aussage dar. Diese Einstufung sollten Sie gemeinsam mit Ihrem Interviewpartner vornehmen und Sie sollten dabei versuchen, auf Grundlage des durchgeführten Interviews eine Übereinstimmung zu erzielen.

Es kann sein, daß die Einstufung im Mittelfeld recht vage wird, die Bestimmung der Extremkategorien ist jedoch wichtig. Bei Ihrer Einstufung sollten Sie sich daran orientieren, worauf Sie am ehesten und leichtesten verzichten könnten (6, 7 und 8) und an den Dingen, bei denen Ihnen der Verzicht am schwersten fallen würde (3, 2 und 1). Geben Sie für denjenigen Aspekt, auf den Sie unter keinen Umständen verzichten würden eine 1 an. Das ist dann Ihr persönlicher Karriereanker.

Einstufung der Karriereanker, basierend auf dem Interview mit dem Partner

Position 1 (Karriereanker) _____

Position 2 _____

Position 3 _____

Position 4 _____

Position 5 _____

Position 6 _____

Position 7 _____

Position 8 _____

Einstufung der Karriereanker basierend auf dem Interview

Geben Sie als nächstes die Reihenfolge anhand der Bestandsaufnahme von Seite 11 an.

Einstufung der Karriereanker, basierend auf der Bestandsaufnahme in Abschnitt 2 (Ergebnisblatt)
Position 1 (Karriereanker) _____
Position 2 _____
Position 3 _____
Position 4 _____
Position 5 _____
Position 6 _____
Position 7 _____
Position 8 _____

Einstufung der Karriereanker basierend auf dem Ergebnisblatt von S. 11

Wie nahe liegen die beiden Einstufungen beieinander? Sollten sie sich um mehr als zwei Positionen unterscheiden, dann fahren Sie wie folgt fort:

1. Gehen Sie die einzelnen Punkte der Bestandsaufnahme möglicher Karriereorientierungen erneut durch, um festzustellen, in welchem Maße die Antworten Ihre Persönlichkeit widerspiegeln

2. gehen Sie Ihre Antworten im Interview erneut durch und

3. treffen Sie selbst die letzte Entscheidung, an welche Position in der Einstufung ein bestimmter Karriereanker gehört. Eventuelle Diskrepanzen sollten Sie mit Ihrem Interviewpartner besprechen, um seine bzw. ihre Beobachtungen herauszufinden.

Kapitel 5

Sollten zwei oder mehrere Karriereanker auf Sie gleichermaßen zutreffen, so brauchen Sie sich lediglich zukünftige (hypothetische) berufliche Situationen vorzustellen, die Sie zu einer Entscheidung "entweder - oder" zwingen würden, um so herauszufinden, was Sie tatsächlich tun würden. Ein Beispiel hierzu: Wenn Sie glauben, sowohl in der technischen/funktionalen Kompetenz als auch im General Management verankert zu sein, dann sollten Sie sich folgendes vorstellen:

> Wie würden Sie entscheiden, wenn Ihr Unternehmen Sie vor die Wahl stellen würde, entweder einen kompletten Unternehmensbereich zu leiten oder leitender Chefingenieur des Unternehmens zu werden (unter der Annahme, daß beide Tätigkeiten in der Unternehmenshierarchie gleichwertig sind).

Die Mehrzahl der eventuell auftretenden Konflikte kann gelöst werden, wenn man versucht, potentielle zukünftige Entscheidungen so vorwegzunehmen.

Berücksichtigen Sie sämtliche Informationen und das Ergebnis einer ausführlichen Diskussion mit Ihrem Interviewpartner, um die endgültige Entscheidung im Hinblick auf Ihren persönlichen Karriereanker zu treffen und tragen Sie dann Ihre endgültige Einstufung in die nachstehende Tabelle ein.

Endgültige Einstufung des Karriereankers

Position 1 (Karriereanker) _____

Position 2 _____

Position 3 _____

Position 4 _____

Position 5 _____

Position 6 _____

Position 7 _____

Position 8 _____

Endgültige Einstufung der Karriereanker

Das Interview

Sollten jetzt immer noch ungelöste Punkte vorhanden sein, dann listen Sie diese bitte im folgenden auf:

Kapitel 5

6 SELBST INITIATIV WERDEN

Nachdem Sie nun das Interview und die Bestandsaufnahme möglicher Karriereorientierungen ausgewertet, die Kategorien von Karriereankern entsprechend eingestuft und die verbleibenden Punkte herausgefunden haben, wie können Sie jetzt das umsetzen, was sie in den Kapiteln 1 bis 5 über sich selbst gelernt haben? Hierbei sind verschiedene Aspekte zu berücksichtigen:

1. *Lernen Sie, mehr über sich selbst herauszufinden!* Sie haben jetzt gelernt, im Hinblick auf Ihren Beruf analytisch vorzugehen. Steigern Sie Ihre Selbsterkenntnis, indem Sie weitere Möglichkeiten finden, sich selbst zu beobachten und ziehen Sie aus Ihren Erkenntnissen die entsprechenden Schlüsse. Sich selbst kennenzulernen ist eine Lebensaufgabe, da mit jedem neuen Erlebnis neue Dinge ans Tageslicht treten. Machen Sie sich die Analyse Ihrer Reaktion auf neue Erfahrungen zur Gewohnheit.

2. *Analysieren Sie Ihre derzeitige Tätigkeit!* In welchem Maße erfüllt sie Ihre persönlichen beruflichen Bedürfnisse? Stimmt sie mit Ihrem persönlichen Karriereanker überein? Können Sie Ihre Fähigkeiten einsetzen, wird Ihren Bedürfnissen und Werten Rechnung getragen?

3. *Planen Sie in die Zukunft!* Muß Ihre Tätigkeit umstrukturiert werden, damit sie in Zukunft für Sie befriedigender ist? Wenn Sie zukünftige Schritte Ihres beruflichen Werdeganges überdenken, überlegen Sie sich, ob diese mit Ihrem Karriereanker harmonieren. Ist dies nicht der Fall, so machen Sie sich Gedanken darüber, was zu unternehmen ist, damit eine größere Übereinstimmung erzielt wird. Brauchen Sie zusätzliche Ausbildungen oder Schulungen? Bevorzugen Sie eine bestimmte horizontale oder geographische Veränderung? Gibt es Schritte, die Sie vermeiden sollten?

4. *Teilen Sie Ihre Wünsche mit!* Wer sollte über die Schlußfolgerungen informiert werden, zu denen Sie im Verlauf der letzten drei Abschnitte gelangt sind? Gibt es in Ihrem Unternehmen Mitarbeiter, mit denen Sie Ihre Erkenntnisse und Schlußfolgerungen teilen sollten, damit diese Ihnen dann besser bei der Planung Ihrer weiteren beruflichen Entwicklung helfen können? Sollen Sie diese Angelegenheit mit Ihrer Familie besprechen, um Ihr Leben besser organisieren zu können?

5. *Werden Sie bei der Entwicklung Ihres beruflichen Werdeganges aktiver!* Niemand unter uns kann immer selbst entscheiden, wenn es um den eigenen beruflichen Werdegang geht, trotzdem können wir ab und zu eine Wahl treffen. Bestimmen Sie die Bereiche, in denen Sie die Wahl haben und werden Sie dabei aktiver als bisher. Mit zunehmender Komplexität des Lebens im allgemeinen und des Berufslebens im speziellen wird die Belastung des Einzelnen bei der Bestimmung seines eigenen beruflichen Werdegangs immer größer, da es für die Arbeitgeber in zunehmendem Maße schwieriger wird, herauszufinden, was für den Einzelnen gut ist. Der wichtigste Ratschlag kann also nur der sein, sich nicht zum Opfer der Umstände machen zu lassen.

Wenn Sie zum Themenkreis "berufliche Entwicklung" noch weiterlesen möchten, dann finden Sie im nächsten Kapitel ein Literaturverzeichnis.

7 Empfohlene Lektüre zum Thema

Arthur, M.B. Bailyn, L., Levinson, D.J. & Shepard, H.A. (1984).*Working with careers*
New York: Center for Research on Career Development, Columbia University.

Arthur, M.B., Hall, D.T. & Lawrence, B.S. (Eds.) (1989). *Handbook of career theory*
New York: Cambridge University Press.

Bailyn, L. (zusammen mit E.H. Schein) (1980). *Living with technology:
Issues at mid-career,* Cambridge, MA: MIT Press.

Dalton, G.W. & Thompson, P.H. (1986). *Novations: Strategies for career management*
Glenview, IL: Scott, Foresman.

DeLong, T.J. (1982). *The career orientation of MBA alumni: A multi-dimensional model*
Erschienen in R. Katz (Ed.): *Career issues in human resource
management,* Englewood Cliffs, NJ: Prentice-Hall.

Derr, C.B. (1986). *Managing the new careerists*
San Francisco: Jossey-Bass.

Feldman, D.C. (1986). *Managing careers in organizations*
Glenview, IL: Scott, Foresman.

Geissler, Jürgen (1979). *Psychologie der Karriere
Hamburg*

Handy, Ch. (1988) *Management-Stile* Hamburg

Hofstetter, H. (1988). *Die Leiden der Leitenden* Köln

Kets de Vries, M.F.R. (1990). *Cheftypen* Wiesbaden

Levinson, D.J. (1978). *The seasons of a man's life*
New York: Alfred A. Knopf.

Levinson, D.J. (1988). *The seasons of a woman's life*
New York: Alfred A. Knopf.

Rosner, Ludwig (1985). *Persönlichkeitsanalyse und Beurteilung von Bewerbern und
Mitarbeitern,* Landsberg

Schein, E.H. (1978). *Career dynamics: Matching individual and organizational needs*
Reading, MA: Addison-Wesley.

Super, D.E. (1957). *The psychology of careers* New York: Harper & Row.

Super, D.E. & Bohn, M.J. (1970). *Occupational psychology* Belmont, CA: Wadsworth.

8 QUELLENVERWEISE UND EDITIONSHINTERGRUND

Die ursprüngliche Studie, auf der das vorliegende Handbuch beruht, wurde mit Unterstützung der Office of Naval Research[1] und des Massachusetts Institute of Technology Sloan School of Management erstellt. Über dieses Projekt wurde ursprünglich von **E.H. Schein** unter dem Titel *"Career Dynamics: Matching Individual and Organizational Needs"* (Reading, MA: Addison-Wesley, 1978) berichtet und von **E.H. Schein** unter dem Titel *"Individuals and Careers"* in J. Lorsch (Hrsg.) *"Handbook of Organizational Behavior"* (Englewood Cliffs, NJ: Prentice-Hall, 1985).

Eine frühere Version des vorliegenden Handbuches wurde im Jahre 1980 von **E.H. Schein und Howard Denmark** - CIBA-Geigy AG - zum Einsatz innerhalb des Unternehmens entwickelt. Sie wurde im Jahre 1981 mit Unterstützung des International Management Institutes, Genf, Schweiz überarbeitet und erstmals 1985 im Verlag **University Associates** herausgegeben.

Die ursprüngliche Version der Karriereanker-Bestandsaufnahme basiert auf den von **E.H. Schein und T.J. DeLong** (Brigham Young University, Provo, Utah) zwischen 1979 und 1982 durchgeführten Studien.

Die deutschsprachige Version entstand aus der Übersetzung der ersten amerikanischen Ausgabe von 1985, die **Margit Oswald** (OSB Wien) besorgte. Zahlreiche Überarbeitungen und Anmerkungen zur Übertragung auf mitteleuropäische Verhältnisse verdanken wir der intensiven Editionsarbeit von **Sabine Stadelmann, Annette Stappert** und **Dieter Stein**. Nach vielen ausgewerteten Einsätzen mit deutschsprachigen Teilnehmer/innen unterschiedlicher Berufsgruppen entstand nach der zwischenzeitlich erschienenen revidierten amerikanischen Ausgabe (1991) eine Neuübersetzung. Aus dieser ging unter dem fachlichen Lektorat von **Wolfgang Looss, Sabine Stadelmann** und **Dieter Stein** der hier vorliegende Text hervor, der von den Herausgebern in den Jahren 1990 bis 1992 im Rahmen von Personalentwicklungsprojekten im Einsatz erprobt und erneut adaptiert wurde. Wir bedanken uns an dieser Stelle bei allen Personen, die uns durch ihre Kommentare und Rückmeldungen unterstützt haben.

---

1) Durchgeführt mit Unterstützung des Chief of Naval Research, Psychological Science Division (Code 452), Organizational Effectiveness Research, Office of Naval Research, Arlington, Virginia 22217 unter Kontrakt N00014-80-C-905;NR 170-911